일상을 바꾸는 인테리어

우리 같이
가구 배치

일상을 바꾸는 인테리어

우리 같이
가구 배치

펴낸날 2023년 11월 10일

지은이 최유정
펴낸이 주계수 | **편집책임** 이슬기 | **꾸민이** 이슬기

펴낸곳 밥북 | **출판등록** 제 2014-000085 호
주소 서울시 마포구 양화로 7길 47 상훈빌딩 2층
전화 02-6925-0370 | **팩스** 02-6925-0380
홈페이지 www.bobbook.co.kr | **이메일** bobbook@hanmail.net

© 최유정, 2023.
ISBN 979-11-5858-968-4 (13590)

일상을 바꾸는 인테리어

우리 같이 가구 배치

최유정

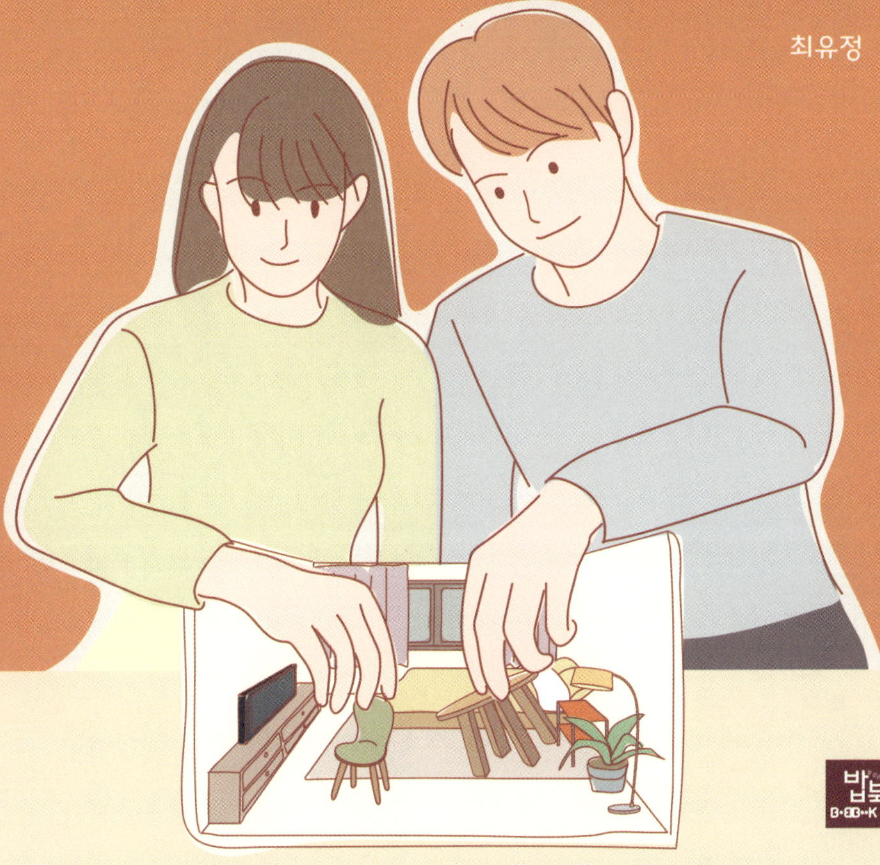

밥북 B•OO•K

일부 단어는 쇼핑 등 일상생활을 할 때나 인테리어 업계에서 많이 쓰이는 용어를 그대로 사용했습니다.

누구나 누려야 하는 일상의 가치

집은 일상을 시작하고 마무리하는 아주 특별한 공간입니다. 이런 집을 떠올리면 어떤 단어가 생각날까요? 고통, 침묵, 불안과 같은 단어보다는 편안함, 포근함, 휴식과 같은 단어가 먼저 생각날 것입니다. 하지만 당연하게 생각되는 집의 편안함을 온전히 느끼는 사람은 생각보다 많지 않다는 사실, 알고 있나요? 홈스타일리스트, 공간 컨설턴트로 많은 사람들의 공간을 실제로 만나보면서 이런 현실이 안타까울 때가 정말 많았습니다.

같은 음식이라도 어떤 그릇을 선택하는지에 따라 그 맛과 고급스러움이 달라지듯 집은 일상을 담는 그릇이기에 어떤 집에서 지내는지에 따라 일상이 달라집니다. 경제적, 시간적 여유가 있다면 누구나 멋지게 전체 리모델링을 하면 좋을 것입니다. 음식을 담는 그릇을 더 나은 것으로 교체하는 것이 어찌 보면 가장 단순한 방법이니 말입니다. 하지만 단순하다고 쉽게 시도하기에는 어려운 부분이 많습니다. 그렇기에 모양새를 바꿔보는 겁니다. 같은 그릇이라도 음식을 어떤 모양으로 담아내는지에 따라 그 느낌이 변화합니다. 집도 마찬가지입니다.

같은 아파트에 거주하는 이웃의 집을 방문했을 때 깜짝 놀란 경험이 있을 겁니다. 같은 평수, 같은 평형인데 우리 집과는 다른 구성일 때도 있습니다. 이런 곳에서 아이디어를 얻기도 합니다. 이게 바로 그릇에 음식을 어떤 모양으로 담는지와 일맥상통하는 부분입니다. 같은 가구와 소품이라도 어떻게 배치하는지에 따라 완전히 달라는 것이 집이기 때문입니다.

그렇다면 다양한 가구와 소품의 배치는 왜 집마다 다르게 구성되는 것인지 궁금합니다. 그 이유는 바로 집 안에 살고 있는, 일상을 만드는 사람에게서 찾을 수 있습니다. 원하는 일상이 다르기 때문에 같은 침대, 식탁, 의자, 소파지만 다르게 배치되는 것입니다.

사실 가구 배치에는 정답이 없습니다. 그래서 더 어려운 것이 가구 배치라고 할 수 있습니다. 사람마다 일상이 다르듯 가구 배치도 달라져야 하니까요. 그래서 이 책에는 최대한 다양한 가구 배치 레이아웃을 담았습니다. 그동안 온라인, 오프라인을 막론하고 200여 건 이상 진행한 실제 공간 컨설팅 결과를 바탕으로 구성한 내용은 주로 아파트에 많이 거주하는 우리나라 상황에 더욱 적합하게 느껴지도록 했습니다.

소소한 일상이 모여 인생이 됩니다. 당신의 일상을 가구 배치를 통해 바꿔보세요. 이 책에는 고급스러운 제품들로 구성된 멋들어진 집의 사례들은 없지만, 여러분이 지금 당장 해볼 수 있는 이해하기 쉬운 다양한 배치 사례들이 있습니다. 만약 여러분에게 딱 알맞은 배치를 찾을 수 있게 된다면 당신의 일상은… 분명 더 나은 방향으로 흘러가게 되겠죠. 이처럼 집과 당신의 교감은 충분히 의미 있는 경험이며 이 책을 통해 그 방법을 찾기를 바랍니다.

마지막으로 저를 믿고 공간 컨설팅과 홈스타일링을 맡겨 주신 많은 분들과 변함없는 신뢰로 두 번째 책을 출간할 수 있도록 애써 주신 도서출판 밥북 주계수 대표님과 편집자분들께도 깊이 감사드리며 늘 바쁜 스케줄에 세심하게 챙겨주지 못하는 엄마임에도 사랑으로 함께하는 수지, 정수와 늘 든든하게 버팀목이 되어주는 사랑하는 남편 용재 씨, 아낌없는 지지를 보내주시는 양가 부모님께 무한한 사랑을 전합니다.

2023 가을
최유정

List

part 1

공간과 사람을 알면
쉬워지는 가구 배치

한국식 가구 배치는
무엇인가 특별해요

　홈스타일링 서비스를 받는다고 하면 흔히 공간에 대한 느낌이나 색감, 소재 등 보이는 부분에 대해서만 도움을 받을 수 있다고 생각하는 경우가 많습니다. 저는 이런 부분은 물론이고 공간의 동선을 고려하여 레이아웃을 설계하고 가구 배치를 완성하는 작업도 상당히 중요하게 여기고 있습니다. 재미있는 점은 여러 고객을 만나 상담을 하다 보면 생각하는 집의 느낌은 다 다르지만 가구 배치 계획은 모두 비슷하다는 점입니다. 아마 이런 현상이 나오게 된 것은 우리나라 주거 형태와 밀접한 관계가 있을 것 같습니다. 2021년 인구주택 총조사에 따르면 우리나라 총 주택 수에서 아파트가 차지하는 비율은 63.5%로 큰 비중을 차지하고 있는데, 아파트의 구조를 살펴보면 건설사는 다르더라도 비교적 유사한 구조를 가지고 있다는 것을 쉽게 알 수 있습니다. 아파트가 아닌 단독주택이나 다세대주택은 상대적으로 아파트와는 조금 다른 구조를 가진 경우가 종종 있기는 하지만, 처음부터 특별한 의도를 가지고 건축한 것이 아니라면 대부분의 단독주택이나 다세대주택도 아파트의 집 구성과 매우 유사한 형태를 가지고 있습니다. 이렇게 우리나라 사람들은 아파트에 거주하는 사람이 많은 편이고 집의 구조가 비슷하여서 집 안에 필수로 들어가는 가구의 배치도 자연스럽게 유사한 방향으로 흘러가는 편입니다. 하지만 최근에는 라이프 스타일의 변화와 다양한 가족 형태로 인해 집이 갖춰야 할 모습도 함께 변화하고 있습니다. 다양한 모습으로 변화되고 있는 집의 구조를 더욱 쉽게 파악하기 위해 아파트 평면도를 통해 유형 분석해 보겠습니다.

판상형 vs 타워형 vs 혼합형

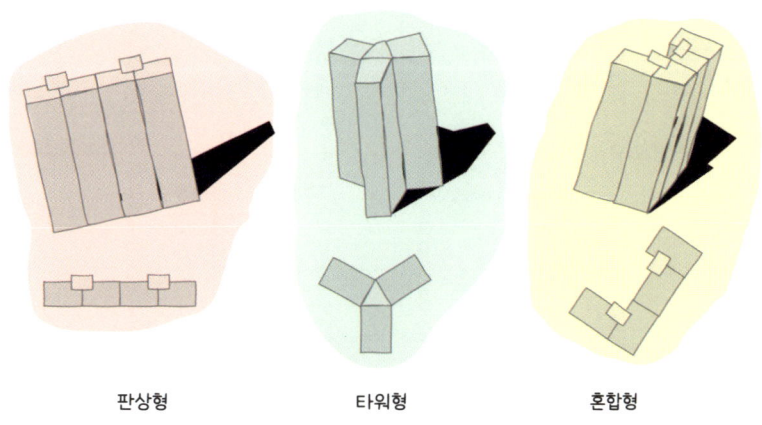

판상형   타워형   혼합형

그림1) 한국의 보편적인 아파트 구조

예로부터 집은 남향을 선호했습니다. 남향집은 하루 종일 햇빛을 적당하게 누릴 수 있기 때문입니다. 판상형 아파트는 널빤지 모양의 아파트 형태를 말하며 이런 구조 때문에 대부분 남향으로 건축되는 편입니다. 보통 앞뒤로 발코니가 있어서 채광과 통풍이 유리합니다. 하지만 모든 아파트 세대가 일렬로 배치되기 때문에 앞동과 뒷동의 거리가 좁을 경우 사생활 보호와 조망권 확보가 어렵다는 단점도 있습니다.

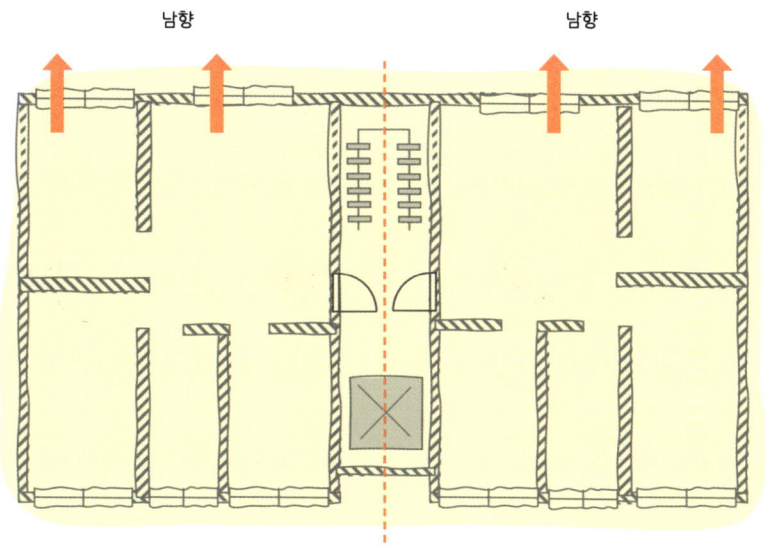

그림2) 판상형 집 구조

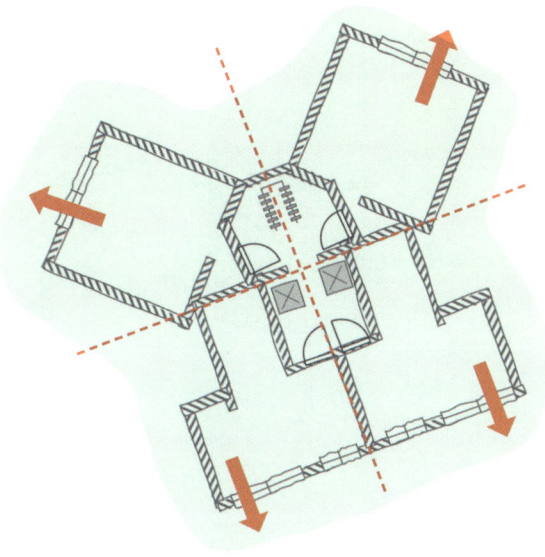

그림3) 타워형 집 구조

　타워형 아파트는 탑 모양의 아파트를 말합니다. 판상형 아파트와는 다르게 위에서 봤을 때 Y자, T자, ㅁ자 등 다양한 형태의 디자인으로 만들어져서 사생활 보호가 가능하고 조망권 확보에 더 유리합니다. 반면, 타워형 아파트 평면도를 보면 앞뒤로 발코니가 있는 형태가 아니기 때문에 채광과 통풍에 있어서는 불리한 부분도 있습니다. 이렇게 판상형과 타워형의 장점을 모두 가지고 있는 아파트의 구조를 고민하다 나온 것이 바로 혼합형 아파트입니다.

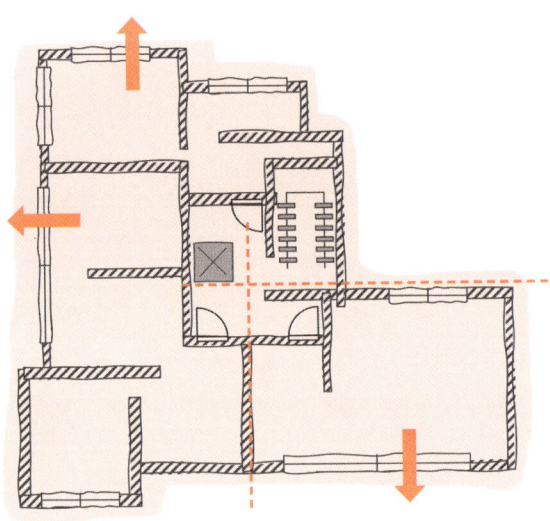

그림4) 혼합형 집 구조

혼합형 아파트는 위에서 내려봤을 때 L자, V자 형태로 건축하여 판상형의 장점인 채광과 타워형의 사생활 보호를 적절하게 만족할 수 있도록 했습니다.

2베이 vs 3베이 vs 4베이

집은 실내 공간이기 때문에 채광확보가 중요한 이슈가 될 수밖에 없습니다. 이와 밀접한 관련이 있는 것이 바로 베이(bay)입니다. 베이란 발코니를 기준으로 기둥과 기둥 사이의 한 구획을 말하는데 쉽게 말하자면 아파트 전면 발코니에 접한 거실, 방의 숫자라고 생각하면 됩니다. 베이(bay)가 다르면 집의 장단점도 확실하게 달라집니다.

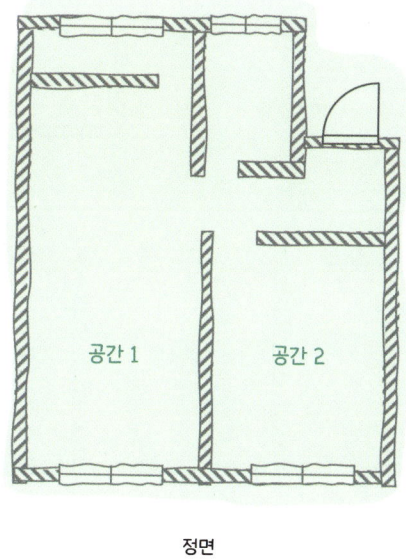

후면

공간 1　　공간 2

정면

그림5) 2 bay 구조

　전면 발코니를 기준으로 침실과 거실이 위치하는 형태가 바로 2베이(bay)
입니다. 거실과 더불어 남향에 배치된 방의 크기가 큰 편이고 창이 커서 채
광과 개방감이 남다릅니다. 하지만 주로 북향에 작은 방이 배정되기 때문
에 이 방은 어둡다는 단점이 있습니다.

후면

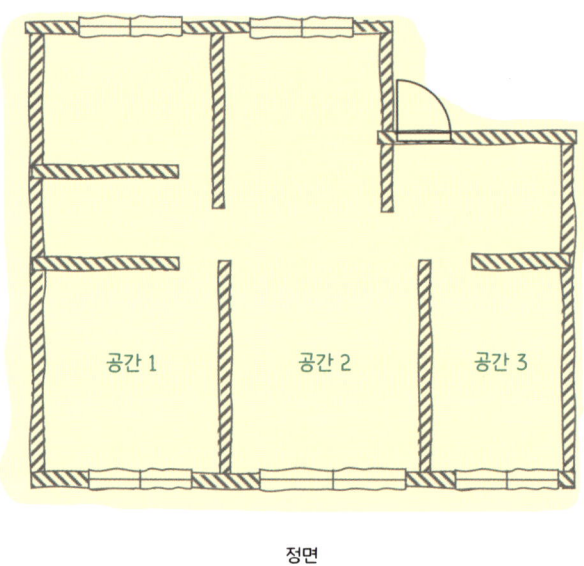

공간 1 공간 2 공간 3

정면

그림6) 3 bay 구조

3베이(bay)는 이런 부분이 보완되어 침실, 거실, 침실이 연달아 배치된 구
조로 남향으로 방 2개가 배정된다는 장점이 있습니다. 하지만 2베이(bay) 구
조의 방보다는 상대적으로 크기가 작은 경우가 많고 거실이 안쪽으로 들어
가 있어서 공간감이 아쉬울 수 있습니다.

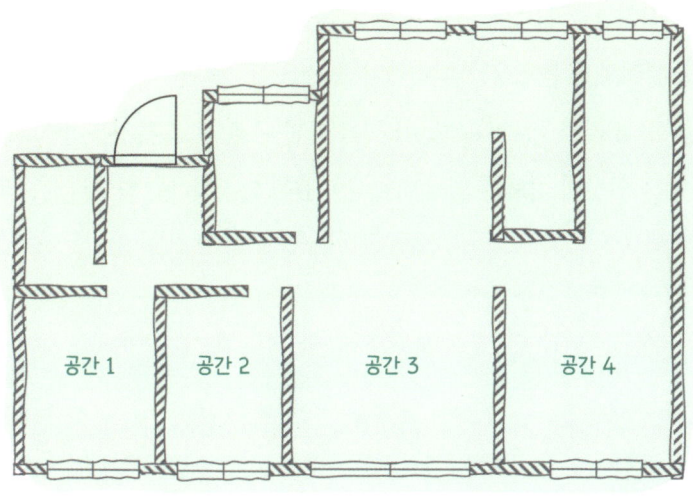

후면

공간 1　공간 2　공간 3　공간 4

정면

그림7) 4 bay 구조

　최근에는 4개의 방과 거실까지 모두 전면 발코니에 접해 있는 4베이(bay) 구조가 가장 인기 많습니다. 모든 방의 조망과 채광이 동일하게 좋은 편이고 난방비 절약도 되기 때문입니다. 게다가 발코니 확장을 적극적으로 하게 되면 넓은 공간 확보가 가능합니다. 물론 4베이(bay)도 단점은 있습니다. 북쪽에는 주방 창문 1개만 있기 때문에 환기 기능이 조금 부족하고 직사각형의 긴 구조여서 거실과 방의 폭이 모두 좁은 편입니다.

집은 일상을 기록하는 빈 노트와 같습니다. 집을 선택한다는 것은 어떤 노트에 어떤 일상을 기록해 나갈지 결정하는 일이니 당연히 신중할 수밖에 없습니다. 사이즈가 큰 노트, 줄 간격이 좁은 노트 등 어떤 노트를 선택하는지에 따라 전혀 다른 기록이 되듯이 집이 가진 구조와 그 특징을 파악하는 것은 더 좋은 일상의 기록을 위해 반드시 필요한 과정이라고 할 수 있습니다.

장점을 살릴까요?
단점을 가릴까요?

　아주 작은 원룸으로 이사한다거나 1년만 거주할 공간을 정할 때도 집을 본지 몇 분 만에 쉽게 결정하지는 않습니다. 상황이 허락한다면 조금 더 좋은 공간을 만나기 위해 노력하기 마련입니다. 신중하게 선택한 집에서 더 큰 행복을 누리고 싶다면 처음 집과 마주했을 때 '집의 성격'을 세세하게 파악하는 것이 중요합니다. 사람처럼 집에도 성격이 있다니, 생소하게 느껴지나요?

　저는 홈스타일링을 전문으로 하기에 인테리어 시공 전문가들을 가까이에서 자주 만납니다. 한번은 전체 리모델링 업체 사장님이 인상적인 이야기를 하셨습니다. "집은 사람과 똑같아요. 그래서 나는 나를 종합병원 의사라고 생각합니다. 집의 아픈 부분을 찾아서 병을 낫게 하니까요."

　정말 인테리어 업체 사장님의 말씀처럼 집은 사람과 비슷한 점이 많습니다. 고쳐야 할 부분도 있고 특별한 부분도 있고 사람마다 성격이 다른 것처럼 집마다 성격이 다 다릅니다. 그래서 집의 성격을 파악하는 것이 집을 이해하는 데 큰 도움이 됩니다. 그 성격을 파악하기 위해서는 앞부분에 나온 평면도를 바탕으로 한 집 구조의 이해가 기본이 되어야 하고, 그 외에도 집을 찬찬히 살펴보면서 세밀하게 집의 장단점을 파악해야 합니다. 그리고 집에 특별함을 더할 수 있도록 장점을 살리고 단점을 가리는 계획을 세워봅니다. 집에 대한 파악이 달라지면 이런 계획 내용도 달라지게 되고 이 계획 내용에 따라 같은 아파트, 같은 평형, 같은 구조지만 들어갔을 때 같은 집이 맞는지 의심이 될 정도로 느낌이 다른 집이 탄생하게 되는 것입니다. 그렇다면 집의 장점은 살리고 단점을 가리는 가장 쉬운 방법은 무엇일까요? 정답은 바로 가구 배치입니다.

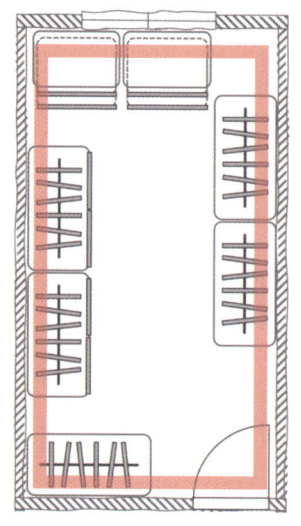
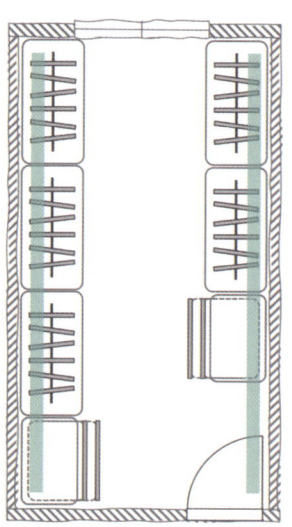

그림8) 좁고 긴 방은 ㅁ자 배치보다 11자 배치가 더 적합하다

좁고 긴 방의 단점을 장점으로 이용해서 긴 벽을 따라 나란히 행거를 배치하고 드레스룸으로 이용한다면 오히려 옷이나 가방을 찾기 좋은 방으로 바꿀 수도 있습니다. 넓은 거실의 장점을 살려서 소파와 소파 테이블을 배치하고 한쪽에는 작은 책상과 의자를 놓는다면 거실이 오픈 서재의 기능까지 할 수 있게 된답니다. 이처럼 가구의 방향을 다르게 배치하거나 따로 떨어져 있던 가구를 모아 배치하는 등 간단한 작업으로도 우리 집을 매력으로 가득 채울 수 있습니다.

나를 배려하는 집은
달라요

숨 가쁘게 돌아가는 일상 속에서 누군가가 건넨 따뜻한 말 한마디에 감동 받은 적이 있나요? 갈증에 목이 탈 때 말하지 않아도 함께하는 이가 따라 주는 물 한잔에 미소가 나오기도 합니다. 아마 내가 배려받고 있다는 느낌이 들어서일 것입니다. 집도 우리를 배려할 수 있답니다. 단순히 나에게 피해를 주지 않는, 불편함을 주지 않는 집이 아닌 나를 배려하고 아껴주는 집, 생각만으로도 따뜻함이 느껴질 것입니다.

비어 있는 집으로 이사하면 필요한 가구와 가전의 목록을 작성하고 하나씩 구입하게 됩니다. 필요한 것들이 이미 모두 들어가 있는 집은 불편함 없고 살기 좋을것입니다. 하지만 나의 일상을 바꿀 수 있는 집을 만들고 싶다면 바로 남이 아닌 자신에 대한 깊은 대화가 필요합니다. 나는 무엇을 좋아하고 싫어하는지, 내가 힘들 때는 무엇을 하고 외로울 때는 어떻게 마음을 채워가는지 생각해 봐야 합니다. 가구 배치에 자아 성찰이라니, 너무 거창하다고요? 하지만 이 작은 차이가 나를 안아주는 집을 만들 수 있습니다.

머리가 복잡하고 스트레스가 쌓일 때 하늘을 바라보고 한숨을 크게 쉬는 것으로 기분이 조금 나아지는 사람이라면 일반적인 소파 배치에서 벗어

나서 창가를 보는 배치를 해볼 수 있습니다. 가장 애정하는 1인 의자를 베란다에 배치할 수도 있습니다. 또는 가족들과 모두 함께 둘러앉아 맛있는 밥 한 끼를 먹으며 이야기하는 시간을 귀하게 여기는 사람이라면 집이 작더라도 지금보다 조금 더 큰 사이즈의 식탁을 선택할 수도 있습니다.

좁은 집에는 작은 가구, 큰 집에는 큰 가구라는 '일반 공식'에서 벗어나 '일상 공식'을 만들어 적용해 봅시다. 그럼 내가 쉬고 싶을 때 재충전할 수 있고 위로받고 싶을 때 행복해질 수 있는 나를 배려해주는 집에서 살 수 있을 것입니다.

가구 배치에도
낄끼빠빠가 필요해요

외곽선 정리의 마법을 느껴보세요

가구 배치를 한다고 하면 '가구 배치'를 하나의 개념으로 생각하기 쉽지만 사실 가구 배치를 잘하기 위해서는 '가구'와 '배치'를 분리해서 접근해야 한답니다. 아무리 배치를 옮겨봐도 공간 구성이 잘 해결되지 않을 때는 '가구'와 '배치' 중 '가구'에 포인트를 맞추면 됩니다. '낄 때는 끼고 빠질 때는 빠져야 하는 가구'를 잘 선정하면 어려운 가구 배치가 의외로 순조롭게 해결되기도 합니다. 즉, 일명 '낄끼빠빠'를 가구에 잘 적용해야 성공적인 가구 배치를 할 수 있습니다. 그럼 남길 가구, 또는 새롭게 구입할 가구를 선정할 때 우선적으로 고려해야 할 사항은 무엇일까요?

그림9에서 왼쪽과 오른쪽의 공간을 비교해 보세요. 가구의 높이가 들쑥날쑥한 왼쪽의 공간보다는 비교적 일정한 오른쪽 공간이 더 안정되게 느껴집니다. 이처럼 가구를 배치할 때 높이가 비슷한 것들을 모아서 배치하고, 새로운 가구를 구입할 때도 기존에 있던 가구를 기준을 잡고 구입하면 좋습니다. 즉, 가구의 높이를 고려해서 가구를 선정하는 것이 안정적인 '가구 배치'에 큰 도움이 될 수 있습니다. 전체적인 가구 높이를 파악해 보고 높

이가 너무 상이한 가구를 우선적으로 처분하거나 다른 공간으로 옮긴다면 가장 좋은 선택이 될 수 있습니다. 만약 가구의 높이를 맞추기 어렵다면 점점 높게, 또는 점점 낮게 배치해서 일정한 변화를 주도록 하면 된답니다.

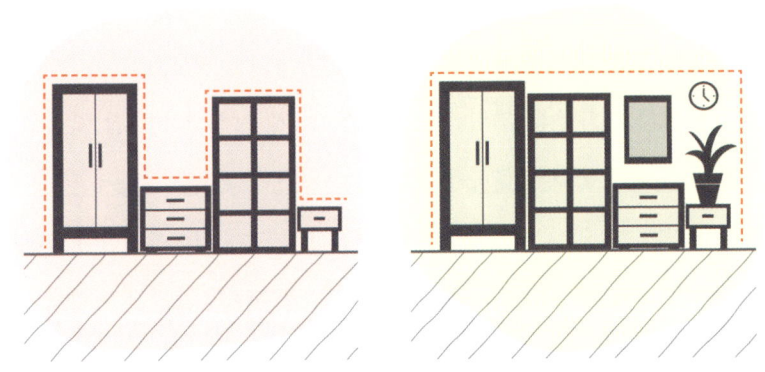

그림9) 가구 배치를 할 때는 가구의 높이를 고려해야 한다

차분한 집을 만드는 비법은 따로 있어요

가구의 한자 뜻은 '집 가', '갖출 구'로 그 자체를 표현하면 가구는 집을 갖추는 데 필요한 것들이라고 할 수 있습니다. 반대로 생각하면 가구가 없는 곳은 갖춰지지 않는 집이라는 말이 될 수도 있습니다. 그래서 '필요 없는 물건'을 비우는 일에 비해 '필요 없는 가구'를 정하는 것은 생각보다 쉽지 않습니다. 가구 하나하나가 다 집을 구성하는 필요 요소이기도 하고 부피도 커서 혼자 옮기기도 쉽지 않은데 처분할 때는 폐기물 처리 비용까지 부담해

야 하기 때문입니다.

　따라서 가구를 선택할 때는 가구의 쓰임새, 디자인, 크기 등 다양한 부분을 고려해야 하지만 현실적으로는 구입예산에 따라 선택하는 경우가 많습니다. 여러 가지 요소를 고려하기 쉽지 않다면 '색상' 하나만큼은 꼭 맞춰서 선택해보세요. 같은 색상인 물건들은 하나의 덩어리로 보이기 때문에 공간에 색을 한정되게 사용하면 차분하고 안정된 느낌으로 집을 만들 수 있습니다. 게다가 가구는 부피가 크기 때문에 가구의 색상을 잘 맞춰서 선택하면 집 전체에 미치는 효과가 더욱 큽니다.

　쉽게 접근할 수 있는 가구 색상 중 대표적인 것이 화이트입니다. 하지만 막상 화이트 색상의 가구로 집을 채웠을 때 생각만큼 깔끔한 느낌이 들지 않아서 난감한 일도 종종 벌어집니다. 이는 같은 화이트라고 해도 브랜드마다 다른 색상으로 가구가 제작되기 때문입니다. 생각만큼 가구의 색상을 맞춘다는 것이 쉽지 않다는 뜻입니다. 가구의 색을 잘 맞추려면 같은 브랜드에서 같은 색상으로 구입하는 것이 가장 쉬운 방법이고, 만약 조금 더 세밀하게 가구의 색상을 결정하고 싶다면 '컬러가이드'를 이용해 색상의 기준점을 가지고 색을 비교하며 가구를 고르면 됩니다.

　이렇게 가구의 전체 색상은 통일하되 다른 색감의 좋아하는 색 한가지 정도를 액자나 화분 같은 소품에 배정하면 누구나 차분하면서도 감각 있는 집을 만들 수 있습니다.

가구와 소품의 색상을 통일하지 않았을 때

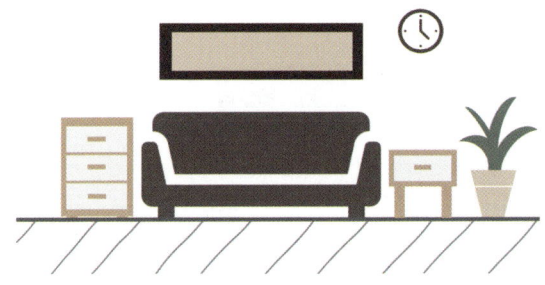

가구와 소품의 색상을 통일했을 때

그림10) 가구와 소품의 색상 배치 팁

집 구조를 충분히 반영한 따뜻한 29평 아파트

POINT. 어린 아기가 있는 점과 20평대라는 점을 고려하여 물건을 최소화하고 전체적인 집의 톤을 맞춰

서 더 넓어 보이도록 연출한 집

집으로 들어올 때 부드러운 느낌이 나도록 중문에 곡선 디테일을 살리고
바로 보이는 벽에 아름다운 그림을 걸어서 갤러리처럼 만들었다.

흔히 거실에 배치하는 보조 조명이나 러그, 소파 테이블도 제외하고 꼭 필요한 소파만 배치했다.

커튼과 소파, 벽시계와 아트월까지 모두 비슷한 톤을 유지했다.

가구의 수는 최소화하는 대신 의자를 모두 다른 디자인으로 선택해서 감각적으로 보인다.
조명, 의자, 테이블, 소파까지 집 전체에 모두 곡선을 반영했다.

창이 없는 복도 끝은
답답함을 줄이기 위해
별도로 직부등을 설치하여
공간에 빛을 더했다.

패턴은 줄이고 다양한 컬러를 사용하여 아이방에 리듬감을 추가했다.

커튼 컬러는
기존 가구의 컬러에서
착안하여 선택했다.

part 2

함께 또는 혼자여도 좋은
공용공간 가구 배치 방법

거실

　기업이 성장하려면 조직이 명확하고 사람들의 역할 분담이 잘되어야 합니다. 그래서 요즘은 위, 아래의 구분이 있는 '위계 조직'보다는 각자가 역할에 따라 주어진 역할을 수행해서 조직도 자연스럽게 성장하는 '역할 조직'을 더 선호한다고 합니다. 이는 신기하게 집에 있어서도 똑같이 적용됩니다. 집에서 낭비되는 공간 없이 모든 공간들의 역할이 명확하다면 집은 가치가 올라가고 덩달아 그 집에서 생활하는 사람의 일상도 긍정적으로 변화할 수 있습니다. 각 집의 공간에 어떤 가구를 어떻게 배치하는지가 그 공간의 역할을 결정하기 때문에 가구 배치가 집 전체에 미치는 영향은 대단하다고 할 수 있습니다.

평범해도 괜찮아요, 미디어형 거실

아마 거실을 떠올릴 때 가장 먼저 생각나는 배치가 TV가 있는 미디어 중심의 배치일 것입니다. 거실에 TV나 빔프로젝터를 놓고 미디어 시청을 주로 한다면 다양한 가구 배치가 생각나지 않을 수도 있지만, 최근에는 셀프 스탠딩 TV가 보편화되고 있고 가볍고 가성비 있는 빔프로젝터가 많아지면서 미디어형의 거실도 다양한 가구 배치가 가능하게 되었습니다.

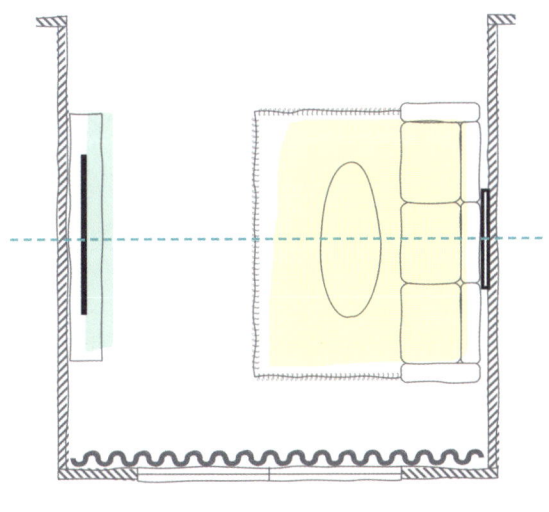

그림11) 중앙 포인트 – 미디어형 가구 배치

가장 평범할 수 있지만 가장 익숙한 배치가 바로 그림11과 같은 배치입니다. TV가 거실 중앙에 있고 TV와 소파가 마주 보는 배치이기 때문에 두 개의 중앙도 잘 맞추는 것이 좋습니다. 그래야 TV 시청도 편안하고 공간의 균형이 잘 맞아서 안정감 있는 공간 연출이 가능합니다.

중앙 정렬이 포인트라서 이를 꽉 잡아 주기 위해 소파 중앙을 맞춰서 큰 사이즈의 그림을 걸어주면 정돈된 느낌을 더 강하게 표현할 수 있습니다. 스탠딩 에어컨이나 키가 큰 화분은 되도록 거실 안쪽에 배치해보세요. 공간이 더욱 시원해 보입니다.

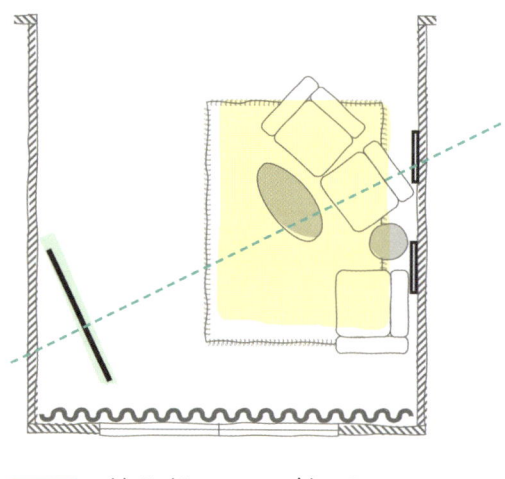

그림12) 사선 포인트 - 미디어형 가구 배치

만약 셀프 스탠딩이 가능한 TV가 있는 거실이라면 꼭 중앙배치를 할 필요는 없습니다. TV의 이동이 자유롭기 때문에 이럴 때는 사선 배치를 추천합니다. 사각형 형태의 거실에 사선으로 변주를 주면 공간에 리듬감이 생긴답니다. TV와 더불어 소파도 함께 사선으로 배치를 바꿔주면 조금 더 색다른 느낌이 생기겠지요? 요즘은 필요에 따라 붙여서, 때론 분리해서 사용이 가능한 모듈 소파(p.191참고)가 많이 나오고 있는데 이런 형태의 소파라면 살짝 분리해서 각도를 만들어주는 것도 추천하고 싶습니다.

편안하게 소파에 앉아서 하루의 피로를 모두 씻어낼 수 있습니다. 사랑하는 가족이 모두 좋아하는 TV 프로그램이 있다면 함께 웃고 이야기할 수도 있습니다. 이동이 자유로운 스탠딩 TV 덕분에 수시로 가구 배치를 바꾸며 하나의 거실이지만 매번 다른 느낌의 공간에서 지내는 것 같은 색다름을 느끼게 됩니다.

시간을 함께 공유하세요, 서재형 거실

거실에 커다란 책장을 적극적으로 배치하는 서재형 거실을 선택하는 이유는 여러 가지가 있습니다. 책을 좋아하는 사람이라면 점점 늘어나는 책을 위해서 선택하기도 하고, 아이가 있는 집이라면 아이와 많은 시간을 보내며 소통하기 위해 선택하기도 합니다. 혹은 좁은 주방이 가진 단점 때문에 어쩔 수 없이 거실로 테이블이 와야 했을 때 활용도를 높이려고 서재형 거실을 구성하는 경우도 있습니다.

여러 가지 이유로 선택하는 서재형 거실이지만 대부분 생각하는 가구 배치는 그림13처럼 한쪽 벽면 전체에 책장을 배치하고 반대쪽 벽에는 커다란 테이블과 의자를 두는 배치일 것입니다. 이 배치는 가장 단정해보이고 거실 공간이 넓지 않을 때 적용하면 좋은 배치입니다. 이렇게 배치하면 한쪽 공간에 동선을 넓게 확보할 수 있습니다.

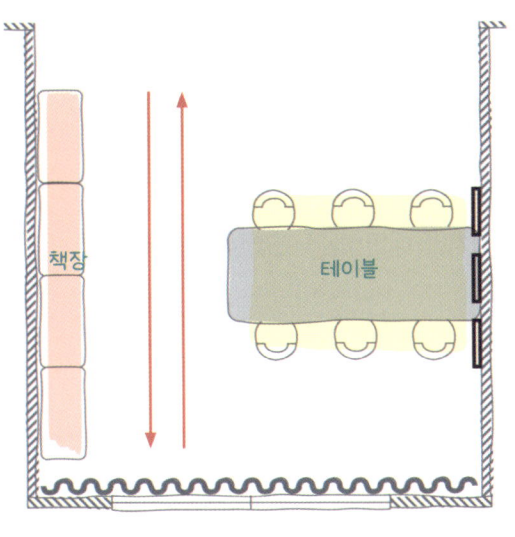

그림13) 동선 중심 - 서재형 가구 배치

큰 책장을 전면에 배치하게 되면 위에서 아래까지 책이 모두 노출되기 때문에 책장이 다소 정신없게 느껴질 수 있습니다. 이럴 때는 책장에 문(도어)이 달려있는 디자인을 선택할 수 있습니다. 책장문이 다양한 크기와 색감을 가진 책들을 가려주기 때문에 시각적으로 안정되어 보일 수 있습니다.

그림14의 책장을 비교해 보세요. 책이 전체적으로 노출된 것보다는 아래쪽에 문이 달려 가려지니 더 안정적으로 보이고 정돈된 느낌을 줍니다. 단, 문의 위치나 크기는 사용자의 연령대에 따라 선택하는 것이 좋습니다. 어린 아이들이 사용하는 책장이라면 그 시선은 피해서 문을 설치해야 좋겠지요. 요즘은 책장문도 다양한 사이즈가 있으니 선택해서 디자인하는 것이 좋습니다.

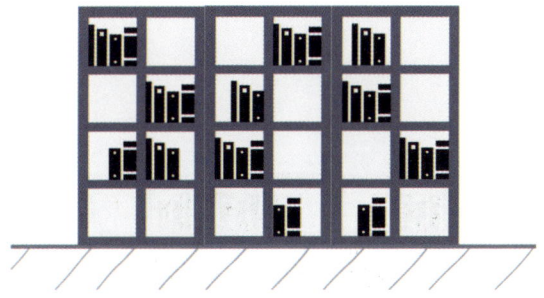

도어가 없는 책장

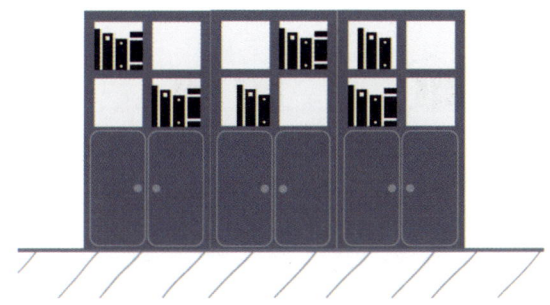

도어가 있는 책장

그림14) 도어의 유무에 따른 안정감

답답한 느낌이 걱정되어서 서재형 거실이 고민된다면 하단 책장과 상단 오픈 선반의 조합을 추천합니다.

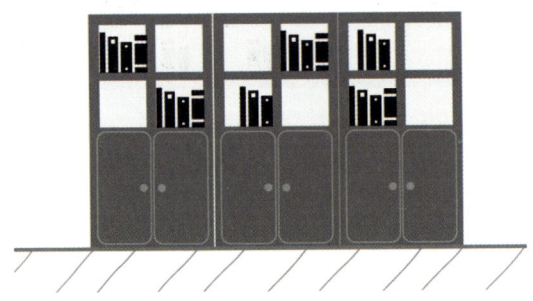

전면이 큰 책장으로 배치된 모습

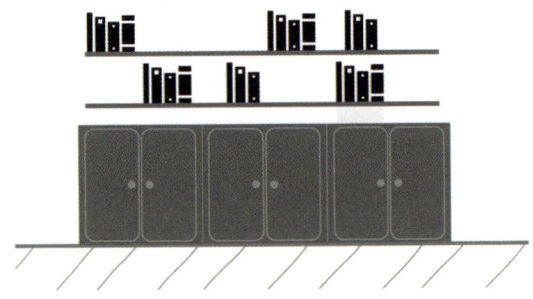

전면이 책장과 오픈 선반으로 배치된 모습

그림15) 일체형과 분리된 오픈형의 차이

아래쪽은 높이가 낮은 책장을 배치하고 상단에는 선반을 배치하면 자연
스럽게 공간에 여유가 생긴답니다. 보통 선반은 책장보다는 프레임이 얇고
뒤쪽에 판이 없어서 벽이 더 잘 노출이 되기 때문입니다.

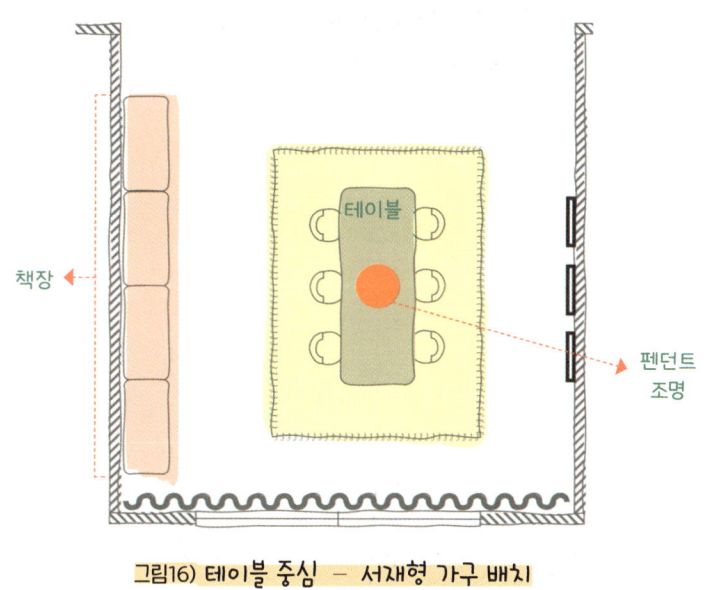

책장

테이블

펜던트
조명

그림16) 테이블 중심 - 서재형 가구 배치

거실이 넓다면 테이블을 가운데 배치해보세요. 북카페 같은 느낌을 더
강하게 만들 수 있습니다. 여기에 포인트가 되는 펜던트 조명(p.195 참고)을
설치하면 평범한 거실이 감각적으로 바뀔 수 있습니다. 분위기를 바꾸고 싶
을 때는 조명만 교체해주면 됩니다.

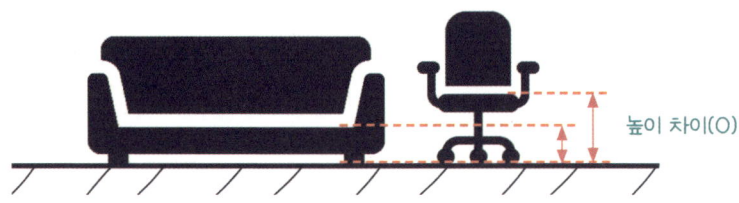

일반 소파 VS 일반 의자 높이 비교

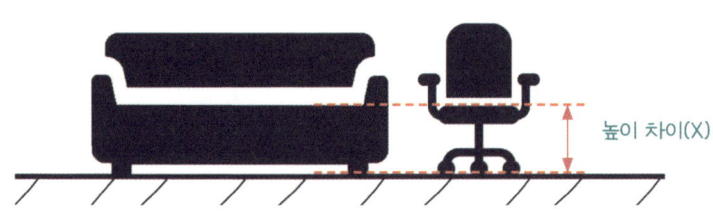

다이닝 소파 VS 일반 의자 높이 비교

그림17) 다이닝 소파와 일반 소파의 높이 비교

거실이 주는 편안함을 놓치고 싶지 않으면 리빙다이닝 소파를 선택해서 배치해보세요. 리빙다이닝 소파는 테이블과 매치하여 사용할 수 있는 소파로 의자와 소파의 중간 형태입니다. 테이블 높이에 따라 높이가 일반 의자와 같은 것도 쉽게 찾아볼 수 있습니다. 이런 소파를 이용하면 조금 더 편안한 느낌의 서재형 거실을 만들 수 있습니다. 또는 일반 소파와 테이블을 같이 배치해도 괜찮습니다. 한쪽 벽에는 소파를 배치하고 창가 쪽으로 테이블을 배치하면 밖의 풍경을 즐길 수도 있습니다.

▌ 서재형 거실에서 당신의 일상은…

아이들과 함께하는 당신이라면 커다란 테이블에 함께 앉아 아이들은 숙제하거나 책을 보고 당신은 간단한 업무를 볼 수 있습니다. 아이들이 도움을 청할 때 왔다 갔다 하지 않고 바로 옆에서 이야기를 들어줄 수 있습니다. 아이의 눈을 바라볼 기회도 더 많이 생길 것입니다.

손님이 집에 오면 서재형 거실에 둘러앉아 향기로운 커피를 마시면서 이야기를 나눌 수 있습니다. 그러다 보면 지금 이 공간이 집인지 카페인지 착각이 들지도 모릅니다. 이 공간에 있는 사람들은 시간의 향기를 공유할 것입니다.

최상의 편안함을 느껴요, 라운지형 거실

공간에는 목적과 역할이 반드시 있어야 한다고 생각하기 쉽지만 꼭 그렇지는 않습니다. 흔히 공부방을 만들어주면 아이가 이 공간에서 공부를 열심히 할 것이라고 생각할 수 있지만, 현실은 어떤가요? 아이는 잘 갖춰진 공부방이 아닌 거실이나 큰 식탁에서 공부하려고 합니다. 공부방이라는 역할을 주니 그 공간에 들어가면 정말 '공부만' 해야 할 것 같은 압박을 느끼는 것일지도 모릅니다. 이런 맥락에서 거실에 미디어 시청이나 서재와 같은 역할을 주지 않고 아무것도 하지 않아도 되는 편안함 그 자체가 목적이 되는 라운지 형태의 거실로 만들어도 충분히 의미가 있습니다.

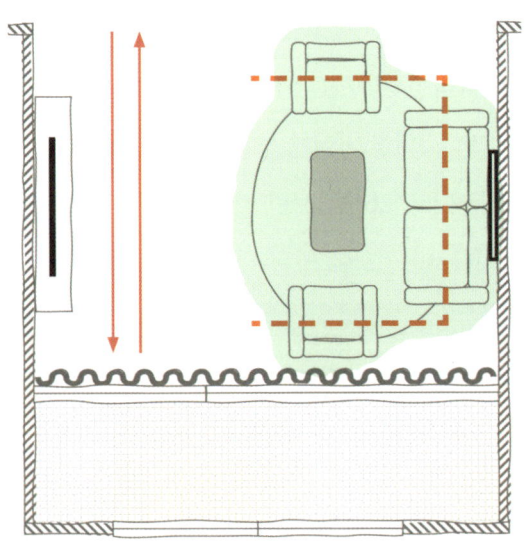

그림18) 소파를 이용한 ㄷ자 라운지형 가구 배치

54

라운지형 거실에서는 소파와 의자가 중요한 역할을 합니다. 소파의 형태는 푹신하고 몸을 푹 감쌀 수 있는 형태가 좋습니다. 앞쪽의 그림은 가장 기본이 되는 배치로 둘러앉아서 이야기를 나누면서도 답답한 느낌이 들지 않는 ㄷ자 형태의 소파 배치입니다.

우리나라 아파트 구조 특성상 거실 앞쪽으로 발코니가 붙어있거나 발코니로 나가는 문이 있는 경우가 많아서 이렇게 한쪽을 비우는 배치를 하게 되면 동선이 정리되는 장점이 있습니다.

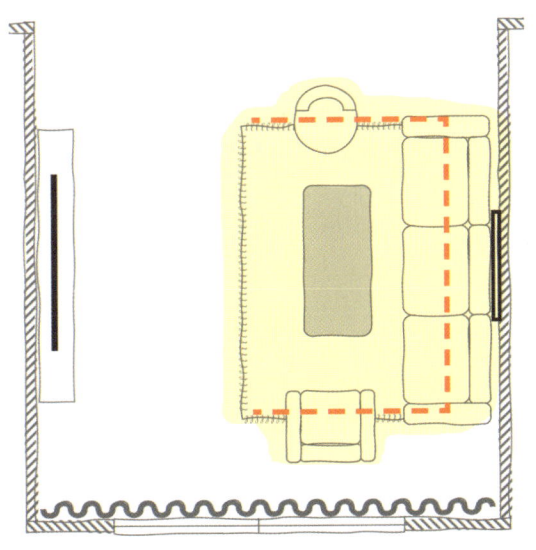

그림19) 소파 + 의자를 이용한 - ㄷ자 라운지형 가구 배치

ㄷ자 배치를 할 때는 __자 형태의 긴 소파 하나와 1인용 소파 2개 또는 안락의자 2개를 배치하거나 ㄱ자 형태의 부피가 있는 소파를 배치하고 1인용 소파 또는 안락의자를 배치하는 방식으로 ㄷ자 배치를 하실 수 있답니다.

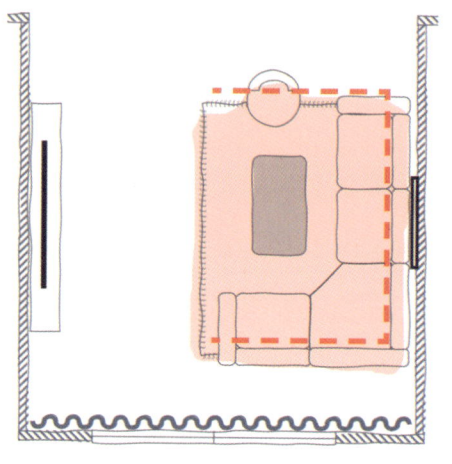

그림20) ㄱ소파 + 의자를 이용한 － ㄷ자 라운지형 가구 배치

ㄱ자 형태의 소파를 이용하면 다리를 펴고 앉을 수 있기 때문에 함께 거실을 공유하는 사람이 적을 때는 더 편안하게 이용할 수 있습니다.

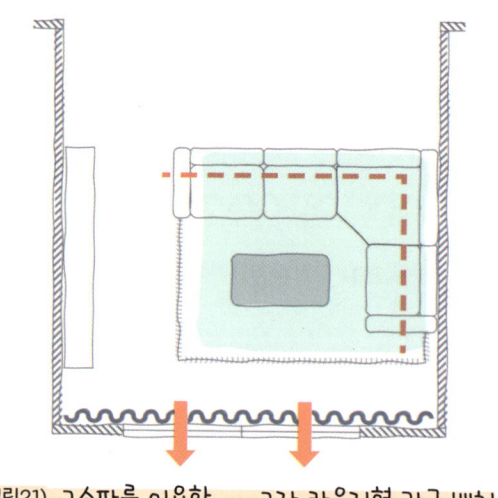

그림21) ㄱ소파를 이용한 － ㄱ자 라운지형 가구 배치

만약 풍경이 좋은 곳에 거주하고 있다면, 사이즈가 가장 큰 메인 소파가 창가를 보도록 배치하는 것도 좋습니다. 이렇게 되면 자연스럽게 풍경을 가까이에서 보게 되고 이것이 이야기를 나누는 좋은 소재가 됩니다.

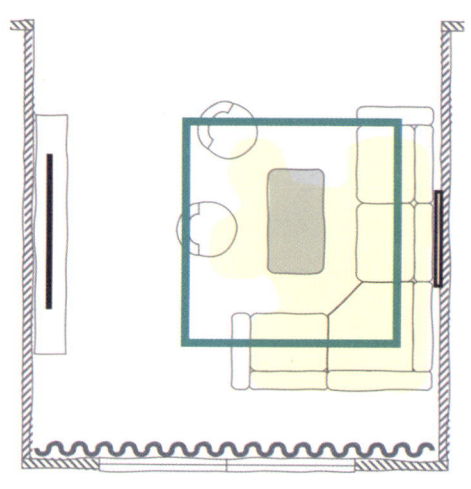

그림22) ㄱ소파 + 의자를 이용한 ― ㅁ자 라운지형 가구 배치

온전한 사람 중심의 공간을 만들고 싶다면 ㅁ 자 배치를 이용해 보세요. 소파와 안락의자를 이용해서 배치하면 공간이 꽉 찬 느낌이 들고 앉았을 때 서로의 얼굴을 바라볼 수 있기 때문에 자연스럽게 대화를 할 수 있습니다. ㅁ 자 배치를 할 때는 부피가 큰 소파와 의자 같은 가구가 거실에 가득 들어가기 때문에 세트 가구로 거실을 채우면 공간이 단조롭게 느껴질 수도 있습니다. 원목, 가죽, 패브릭 등 소재는 동일하고 디자인은 다른 소파와 의자를 배치하면 세련된 느낌을 만들 수 있답니다.

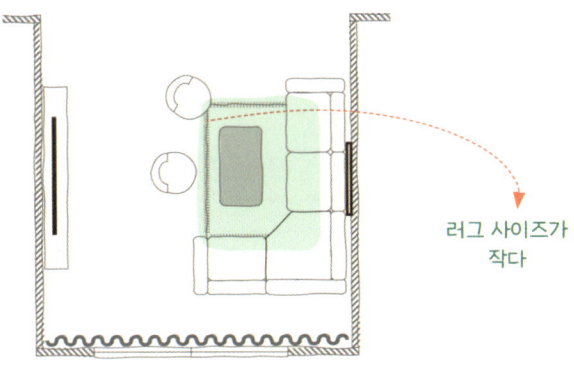

러그 사이즈가
작다

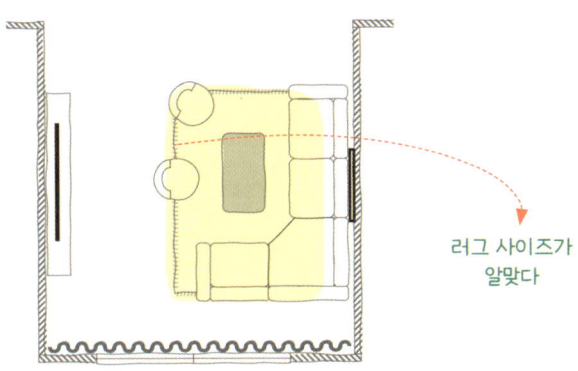

러그 사이즈가
알맞다

그림23) 러그 사이즈 정하기

　각 가구를 연결하는 느낌을 주고 싶다면 넉넉한 사이즈의 러그를 깔아
주는 것도 좋은 방법이 될 수 있습니다. 이때 러그는 너무 작거나 너무 크
지 않고 각 가구의 절반 정도를 차지할 정도의 사이즈를 사용해주시는 것
이 좋습니다.

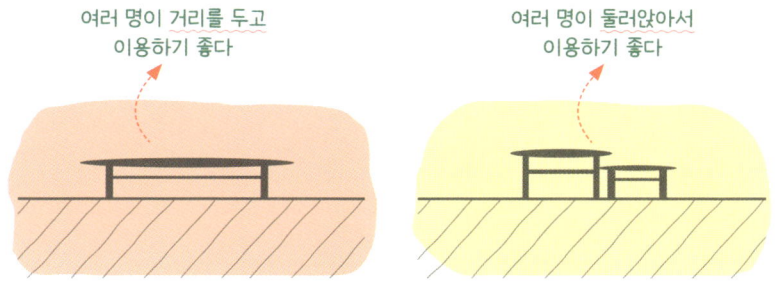

여러 명이 거리를 두고
이용하기 좋다

여러 명이 둘러앉아서
이용하기 좋다

그림24) 형태에 따른 거실 테이블의 특성

사람들과 둘러앉아서 이야기를 나누는 공간이다 보니 간단한 다과를 곁들이게 될 경우가 많습니다. 소파 테이블을 하나만 넣는다면 각 자리에 앉았을 때 거리가 적절한 소파 테이블을 중앙에 배치하는 방법도 있고 평소에는 하나로 합쳐서 부피를 줄이고 필요할 때는 분리해서 각 자리에 배치할 수 있는 네스팅 테이블을 사용하는 것도 좋습니다.

◀ **라운지형 거실에서 당신의 일상은…**

편안하게 옷을 갈아입고 푹신한 소파에 몸을 맡겨봅니다. 좋아하는 향기를 마음껏 즐기거나 나를 행복하게 하는 음악으로 거실을 채워볼 수 있습니다. 온 가족이 각자 좋아하는 의자, 소파를 골라 앉아서 각자의 시간을 즐기기에도 부족함 없는 시간이 될 것입니다. 라운지형 거실이 있는 당신의 집은 친한 사람들만 모이는 최적의 모임 장소가 될 수도 있습니다. 가장 편안한 자세로 모두 둘러앉아서 이야기를 나누다 보면 웃음으로 거실이 가득할 것입니다.

주방과 다이닝룸

24시간이 모자란 당신에게 추천해요, 아일랜드형

'도대체 식탁은 어디에 어떻게 두어야 하는 걸까?'

주방을 보며 한 번쯤 이런 생각을 해 봤을겁니다. 우리나라 옛날 주택을 보면 방이나 거실에 비해 주방의 면적은 매우 작았습니다. 아파트도 이런 형태가 일부 반영되었는지는 모르겠지만, 아파트의 평면을 보면 보통 집 전체의 평수에 비해 주방이 좁은 편이고 평수가 커지더라도 주방이 이에 비례하게 커지는 경우는 많지 않은 것 같습니다. 특히 작은 면적의 집이라면 식탁을 배치할 공간도 없는 경우가 많습니다. 이때 편리함을 유지하면서도 앉아서 식사할 수 있는 공간까지 챙기는 방법이 아일랜드형 배치입니다.

아일랜드형을 만드는 가장 간단한 방법은 처음부터 주방을 구성할 때 아일랜드를 제작하고 앉아서 식사할 수 있도록 상판의 너비를 조금 길게 만들어 사용하는 방법입니다. 음식을 조리해서 따로 옮길 필요 없이 바로 먹을 수 있다는 장점이 있습니다. 바쁜 아침이 일상인 맞벌이 부부나 혼자 지내는 1인 가구에도 적합한 구성이라고 할 수 있습니다.

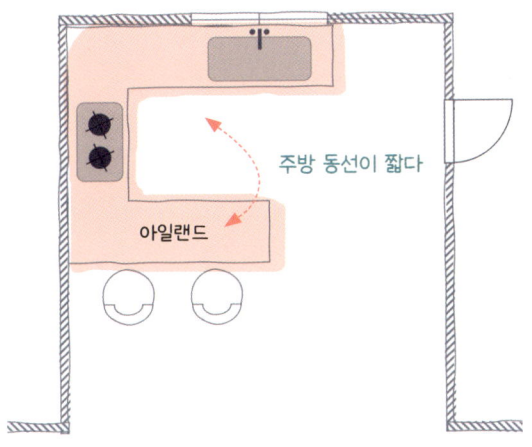

주방 동선이 짧다

아일랜드

그림25) 아일랜드 중심 – 아일랜드형 주방 배치

단점도 물론 있습니다. 아일랜드를 조리대 겸 식사공간으로 사용하기 때문에 깨끗하게 치워야 식사가 가능하다는 점과 아일랜드는 일반 식탁에 비해 높아서 바 의자를 사용해야 하는데 바 의자는 높이가 높기 때문에 일반 의자보다 오랜 시간 앉아서 머물기에는 적합하지 않다는 점이 있습니다.

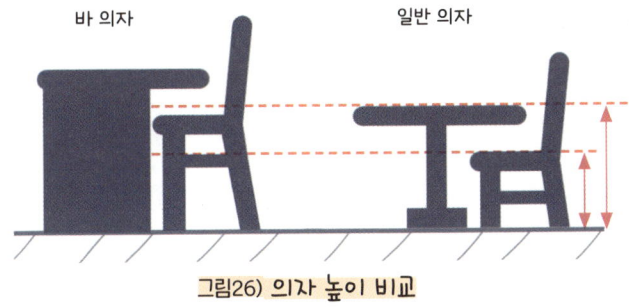

바 의자   일반 의자

그림26) 의자 높이 비교

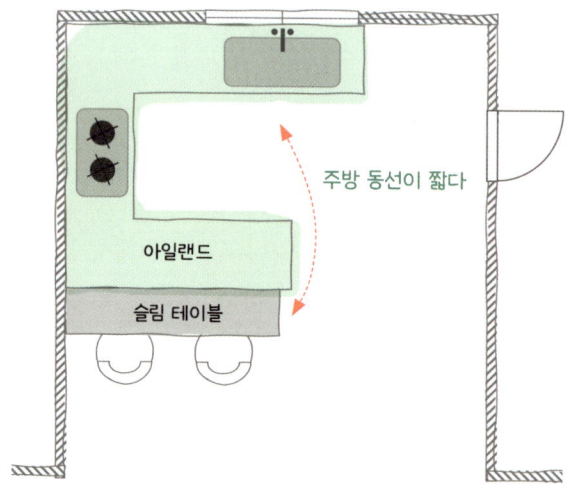

주방 동선이 짧다

아일랜드

슬림 테이블

그림27) 슬림 테이블 중심 — 아일랜드형 주방 배치

아일랜드형의 단점은 지우고 장점만 누리고 싶다면 폭이 좁고 긴 테이블을 아일랜드 앞에 배치하면 됩니다. 이때 높이는 일반 식탁 높이와 동일한 것으로 놓아주면 조금 더 편안합니다. 이렇게 가구 배치를 하면 식사를 할 때 매번 아일랜드 위를 깨끗하게 치우지 않아도 괜찮겠지요? 바 의자에서 식사하는 것보다는 더 편안하게 공간을 누릴 수 있을 것입니다. 하지만 일반적인 식탁 종류 중에서는 슬림한 디자인을 찾기 쉽지 않을 수 있습니다. 이럴 때는 다용도 테이블 종류 중에서 사이즈에 맞는 것을 선택하는 것도 괜찮은 방법입니다. 깊이가 45cm~50cm 정도의 테이블을 놓는다면 충분히 식사가 가능하답니다. 만약 조금이라도 공간을 아끼고 싶다면 등받이 없는 스툴형 의자를 배치하는 것도 좋은 팁이 될 수 있습니다.

바쁜 아침에 시간이 없다는 이유로 간편식조차 거르고 출근했던 당신에게 변화가 찾아옵니다. 아일랜드형으로 가구를 배치하고 나니 간단한 아침식사를 꼭 먹고 나가게 된 것입니다. 조리와 식사가 거의 같은 공간에서 이루어지다 보니 아침을 챙기는 일이 비교적 수월해졌기 때문입니다. 아일랜드가 생기니 요리할 때 스트레스도 줄어들어서 요즘 여러 가지 요리에 도전하는 취미가 생겼습니다. 좁은 주방이라 요리를 즐기게 될 줄은 상상도 못 했는데 퇴근길에 레시피를 찾아보며 요리할 생각을 해보는 생활이 썩 마음에 드는 당신이 되었습니다.

요리하는 과정도 함께해요, 소통형

주거 형태가 변화하면서 집에서 가장 지위가 상승한 곳이 바로 주방일 것 같습니다. 주방이 집의 중심이 되면서 이제는 숨어서 남에게 보여주기 싫은 주방이 아니라 오픈형 주방으로 구성하는 경우가 많아지고 있습니다. 이에 따라서 화구와 싱크볼까지 들어간 길고 넓은 기능성 아일랜드를 주방 전면에 배치하기도 합니다.

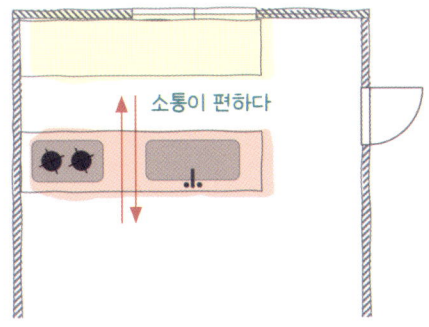

그림28) 기능성 아일랜드 중심 – 아일랜드형 주방 배치

　이런 주방 형태는 요리하면서 여유롭게 다른 사람들과 대화하기 좋습니다. 다양한 요리를 손님이나 가족들에게 대접하기 좋아한다면 꼭 이런 소통형 주방을 구성해보세요. 음식 자체는 물론이고 그 요리 과정도 대화의 좋은 소재가 될 수 있습니다. 서로 소통하는 오픈형 키친에서 식탁은 아일랜드와 11자 또는 T자 배치를 하면 됩니다.

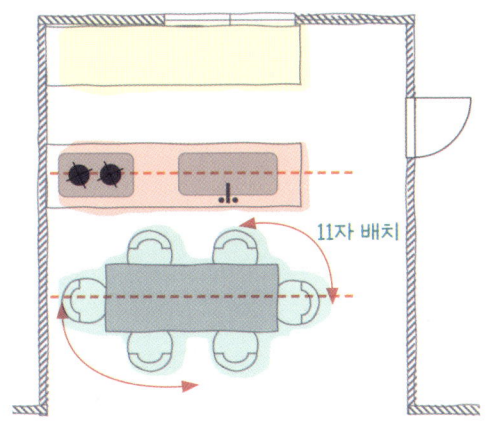

그림29) 11자 형태 – 아일랜드형 주방 배치

11자 배치를 하면 사방으로 동선이 확보되어 사람들이 자유롭게 이동하면서 음식과 이야기를 즐길 수 있습니다. 동그랗게 둘러앉아 이야기를 나눌 수 있기 때문에 서로의 얼굴을 바라보고 많은 소통을 할 수 있습니다. 따라서 작은 사이즈의 식탁이라고 해도 이렇게 아일랜드와 11자 배치를 하면 여러 명이 앉을 수 있는 장점이 있습니다.

　반면 식탁과 아일랜드를 T자로 배치하면 요리를 하는 사람과 밀접하게 소통할 수 있습니다. 요리하는 과정을 식탁에 앉았을 때 자연스럽게 보게 되기에 식탁에 앉은 사람들은 요리의 정성을 함께 느낄 수 있습니다. T자 배치는 아일랜드와 붙어있는 쪽으로는 동선이 막혀 있기 때문에 너무 작은 식탁보다는 어느 정도 크기가 큰 6인용 식탁(p.169참고) 이상일 때 이 배치를 이용하면 가장 좋습니다.

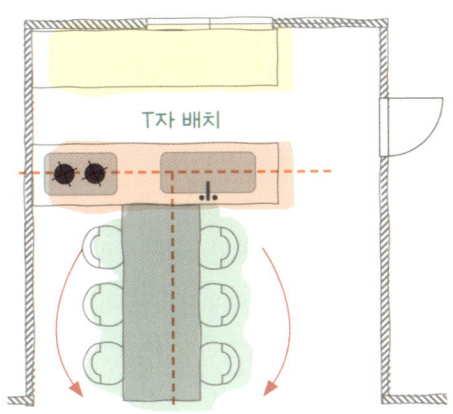

그림30) T자 형태 - 아일랜드형 주방 배치

오늘은 오랜만에 손님들을 초대해서 저녁 식사를 대접하는 날입니다. 요즘 유행하고 있다는 새로운 요리도 함께 선보일 생각을 하니 더욱 기대되는 당신. 색다른 요리 방법에 호기심이 생겨서 몇 번 도전해 봤는데 이제는 제법 모양새도 맛도 그럴싸합니다. 손님들 앞에서 선보이는 이색 요리법은 예상대로 모두의 관심거리입니다. 당신은 요리하는 내내 혼자라는 생각이 들지 않습니다. 신기한 재료와 비주얼로 모두 즐겁게 이야기하고 '맛있다'를 연발하는 사람들의 모습을 보니 뿌듯하고 행복해지는 당신입니다.

진한 시간을 나눠요, 친목형

저는 혼자일 때는 즐기지 않았던 야식을 결혼하고 나서 부쩍 즐기게 되었습니다. 밤에 먹는 음식이 엄청 맛있거나 배가 고파서라기보다는 늦게 퇴근하는 남편과 마주 앉아 이야기 나누는 시간이 소중하게 느껴져서입니다.

'언제 차 한잔 같이해요', '언제 한번 식사 자리 마련해요.'라는 말을 들었을 때 우리는 단순히 밥을 먹자는 이야기로만 생각하지 않습니다. 이 말에는 상대방과 식사를 통해 좋은 시간을 함께하고 싶다는 뜻을 포함하고 있다는 것을 알기 때문입니다. 가벼운 만남은 물론이고 음식을 나눠 먹는 것은 국가의 큰 결정을 하는 자리에서도 중요한 역할을 합니다. '음식은 가장 오랜 외교 수단'이라는 말처럼 음식을 나눠 먹으면서 사람과 사람 사이에 다리를 놓을 수 있다고 하니 식사를 하는 장소인 다이닝 공간은 상당히 의미가 깊은 곳이라고 할 수 있습니다. 이렇게 소중한 식사 시간을 사람들과 깊게 나누고 싶다면 다이닝과 주방이 완전하게 분리된 가구 배치를 추천합니다.

방의 개수가 넉넉하다면 주방 옆의 작은방 문을 떼어버리고 전체를 다이닝 공간으로 사용할 수 있습니다. 만약 이런 배치를 인테리어 리모델링 공사 전에 결정한다면 문을 없애면서 문틀까지 함께 제거하거나 독특한 모양으로 게이트를 만들어도 좋습니다. 조금 더 레스토랑에서 식사하는듯한 느낌을 받을 수 있습니다.

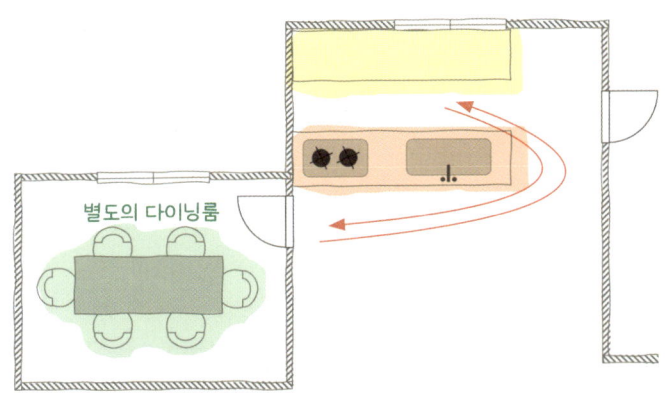

그림31) 방을 이용한 — 친목형 주방 배치

이렇게 방 하나에 다이닝을 배정하면 큰 테이블을 놓는다고 해도 거실처럼 오픈된 공간에서 큰 테이블이 보이지 않기 때문에 공간의 개방감을 올릴 수 있고 다이닝 공간은 그 자체로 공간의 집중도를 올릴 수 있어서 일석

이조입니다. 대신에 이런 구조는 주방과 완전히 분리된 형태이기 때문에 요리하면서 대화를 하기에는 쉽지 않을 수 있습니다.

주방과 다이닝의 물리적인 거리 두기가 어렵다면 시선 차단을 통해 같은 공간이지만 독립된 느낌을 줄 수 있습니다. 가장 간단하면서도 저렴한 방법은 커튼을 통해 주방과 다이닝의 경계를 두는 것입니다. 커튼을 이용해서 공간 분리를 해주면 필요할 때는 가리고 개방감을 원할 때는 오픈할 수 있어서 좋습니다.

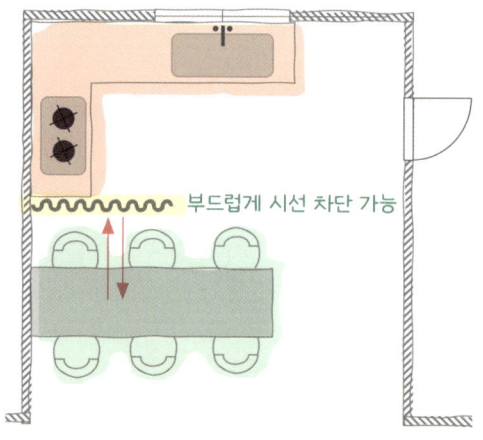

그림32) 커튼을 이용한 – 친목형 주방 배치

아니면 가벽 파티션을 이용해 보세요. 일정한 간격의 봉으로 이루어진 간살 형태의 파티션은 시선은 차단하면서 빛은 통하기 때문에 답답한 느낌을 최소화할 수 있고 직선의 반복으로 모던하고 단정한 느낌을 줄 수 있답니다. 최근에는 철제 타공판으로 만든 가벽 파티션이나 중간에 창문이 있는 파티션 등 다양한 소재와 디자인의 가벽 파티션이 판매되고 있습니다.

그림33) 다양한 형태의 가벽 파티션

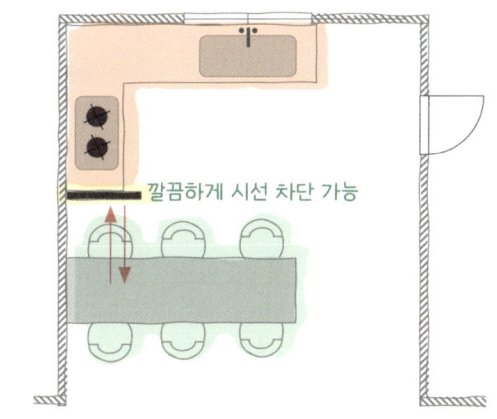

깔끔하게 시선 차단 가능

그림34) 가벽 파티션을 이용한 - 친목형 주방 배치

 주방과 다이닝이 연결된 구조라면 가벽 파티션으로 주방 일부를 가리거
나 다이닝 식탁 끝에 가벽 파티션을 놓아서 집중할 수 있는 다이닝 공간을
연출할 수 있답니다.

　재미있는 이야기가 계속 이어집니다. 사람들과 얼굴을 맞대고 이야기를 나누는 것은 언제나 당신에서 에너지를 주는 일입니다. 독립된 공간에서 이야기를 나누면서 맛있는 음식을 먹으니 여기가 집인가 싶을 정도로 서로에게, 그리고 이 시간에 몰입되는 것 같습니다. 준비한 요리를 맛있게 먹으며 이야기를 나누다 보니 음식이 모자라는 것 같아서 급하게 주방에서 간단한 곁들임 요리를 만들어 내놓아도 부담감이 없습니다. 식사하는 공간에서 주방이 보이지 않기 때문이겠죠. 짙어 가는 이야기와 시간으로 가득 찬 공간이 당신에게는 더없이 소중합니다.

드레스룸

특별함을 선물하세요, 보여주기형

작가 '어니 J. 젤린스키'는 다른 사람들이 당신에 대해서 뭐라고 말을 하든, 어떻게 생각하든 개의치 말고 심지어 어머니가 당신을 사랑하는 것보다도 더 자기 자신을 사랑해야 한다고 했습니다. 언제나 당신 자신과 연애하듯 삶을 살아야 한다고 말입니다. 자기 자신을 사랑하고 자존감을 높이는 일은 특별한 장소에서만 할 수 있는 것은 아닙니다. 집에도 나의 자존감을 높여줄 마법 같은 공간이 있습니다. 그 공간이 바로 드레스룸입니다.

방 전체를 돌아가면서 오픈형 옷장을 배치해보세요. 이처럼 오픈형으로 구성한 드레스룸은 나를 특별한 사람처럼 느끼게 해줍니다. 오픈형 옷장 사이에 내가 좋아하는 아이템을 전시, 보관할 수 있는 선반을 구성하면 더 좋습니다. 드레스룸 가운데에는 애정하는 악세서리를 보관하도록 아일랜드 서랍장을 배치합니다. 아일랜드 서랍장은 일반 서랍장과는 다르게 맨 위 칸은 유리로 되어 안이 보이고 여러 칸으로 구성되어 넥타이나 벨트, 스카프 등 액세서리 종류를 전시하면서 정리까지 깔끔하게 할 수 있습니다.

오픈형 옷장

반오픈형 옷장

그림35) 오픈형 옷장과 반오픈형 옷장의 보여주는 정도

　만약 너무 오픈되어 있는 옷이 부담스럽게 느껴진다면 유리 도어로 된 옷장을 선택하여 반오픈 형태로 이용할 수 있습니다. 이때 유리는 일반적인 투명 유리가 아니라 반쯤 내부가 보이는 브론즈 유리로 된 옷장을 선택하

면 특별함을 최대로 올릴 수 있습니다. 방 모서리 부분에 큰 사이즈의 전신 거울을 놓아주면 옷으로 채워져 있는 드레스룸이 조금 더 넓어 보이고 스타일 확인도 할 수 있으니 일석이조입니다.

◖ 보여주기형 드레스룸에서 당신의 일상은…

사람들 앞에서 프레젠테이션을 자주 하는 당신에게 옷은 단순한 의미가 아니라 또 다른 자신과 같습니다. 중요한 발표가 있는 오늘 같은 날에는 조금 더 신경 써서 옷을 고르게 되는 당신. 컬러별로 정리된 드레스룸에서 진한 블루 색상의 자켓을 꺼내고 그 아래쪽 구역에서 아이보리 슬랙스와 블랙 슬랙스를 번갈아 가며 코디해 봅니다. 신뢰감 있는 모습과 부드러운 리더십을 보이고 싶은 당신의 선택을 받은 옷은 무엇일까요? 드레스룸을 나서기 전 변신한 나의 모습을 보며 오늘도 잘해낼 수 있을 거라 다짐합니다.

편리함을 즐겨보세요, 수납 강조형

우리나라는 사계절이 뚜렷한 편이고 기온 차이가 큰 곳이라서 필요한 옷의 종류가 많은 편입니다. 그만큼 깔끔하게 정리, 수납하기도 쉽지 않고 유지하기도 상당히 어렵습니다. 단정한 집을 만드는 것만으로도 돈을 부르고 복을 가져올 수 있다고 하는데 드레스룸을 언제나 깔끔하게 유지하고 싶다면 드레스룸을 정리, 수납에 집중한 형태로 구성하는 것이 좋을 것입니다.

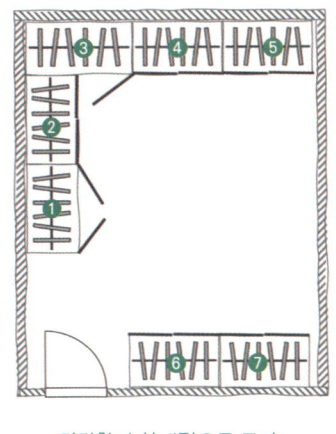
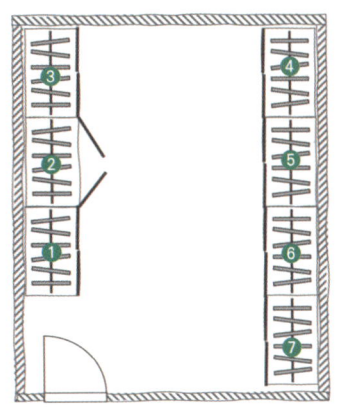

답답함이 상대적으로 크다   답답함이 상대적으로 적다

그림36) 도어가 있는 옷장의 배치 방법

　이럴 때 적합한 가구가 바로 도어가 있는 옷장입니다. 물건을 많이 수납해도 도어가 깔끔하게 가려주니 시각적으로 안정되어 보입니다. 하지만 도어가 있는 형태의 옷장은 부피감이 있기 때문에 방 전체를 돌아가면서 배치하면 답답해 보일 수 있으니 두 줄로 나란히 배치하는 것이 좋습니다. 남은 벽에는 전신거울을 배치하되 수납이 되는 수납형 거울 형태를 추천합니다. 드레스룸은 최대한 많은 수납을 확보하는 것이 기능적으로 좋습니다. 따라서 거울도 수납이 되는 것을 선택한다면 드레스룸의 수납력을 높일 수 있습니다. 드레스룸의 공간이 넉넉하지 않다면 서랍장은 벽에 밀착하여 배치하는 것이 좋습니다. 방 중앙에 서랍장을 배치할 경우 옷장 도어 때문에 동선에 문제가 생길 수도 있기 때문입니다. 대신 등받이가 없는 스툴을 방 중앙에 배치하면 선택한 옷을 잠시 놓아두거나 옷을 입고 벗을 때 편리합니다.

밖에서 많은 사람들과 일하며 소통하는 당신에게 집은 고요하고 평온해야 합니다. 물건이 제자리를 찾지 못하면 몸과 마음이 모두 힘들기에 많은 옷과 액세서리가 모여 있는 드레스룸은 특히 더 신경 써서 정리·정돈하고 있습니다. 오늘도 퇴근하고 돌아온 당신의 드레스룸은 고요함 그 자체입니다. 계절이 바뀌고 필요한 옷이 무엇인지도 한눈에 보이니 돈도, 시간도 낭비할 일이 없습니다.

사람이 모여 따뜻함을 만드는 36평 아파트

POINT. 구성원이 많은 가족 모임에도 편안한 공간을 즐길 수 있도록 디자인한 집

현관 센서등 외에 필요 시
별도로 on/off 할 수 있는
펜던트등을 설치해서
손님 방문 시 활용하도록 했다.

가구는 모두 따뜻한 컬러로 선택하고
차가운 대리석 벽은 연베이지색으로 페인팅 했다.
다양한 식물 배치로 모임을 하기 좋은 분위기가 되었다.

다이닝 테이블은 거실과 가깝게 배치하여 테이블과 소파에 앉은 사람이 소통하기 좋도록 했다.

식탁을 선택할 때는 주방 상판 컬러와 유사한 컬러로 선정해서 색감이 부드럽게 흘러가도록 했다.

갤러리 느낌을 주기 위해 진한 그린 색상으로 벽을 페인팅하고 그림을 설치한 후 원통형 조명을 시공하여 우아하게 표현했다.

메인 침실은 조명이 설치된 호텔식 침대로 선택해서 시공 없이도 고급스럽게 연출했다.

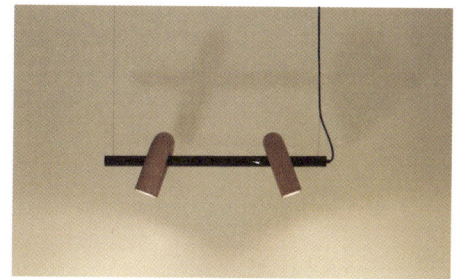 

각도 조절이 되는 조명으로 다양한 공간 연출이 가능하게 했다.

침실은 다른 공간보다 빛이 중요하기 때문에 다양한 조명을 추가하여
컨디션 상태에 따라 자유롭게 선택하게 하면 좋다.

part 3

역할이 분명한
개인공간 가구 배치 방법

마스터베드룸

좁은 평수에 알맞아요, 공간활용형

언제부터 우리는 정리 수납 서비스를 돈을 주고 업체에 의뢰하기 시작했을까요? 지금은 자연스러운 일이 되어버린 이 분야가 사실 얼마 전까지도 굉장히 생소한 일이었다는 것이 믿기지 않습니다. 홈스타일링 전문가로 다양한 고객을 만나고, 또 수년간 공간 구성을 배우고 싶은 분들에게 강의를 하며 '왜 우리는 정리가 절실한가?' 고민한 끝에 내린 결론은 집 역할의 변화에 있었습니다.

집은 곧 휴식이라는 큰 틀은 지금도 변함없지만 우리는 이제 집에서 휴식만 하지는 않습니다. 홈카페, 홈짐, 홈오피스 등 집에서 하는 일이 많아지면서 다양한 공간을 추가적으로 원하고 있습니다. 그중에서도 가장 대표적인 것이 드레스룸입니다. 전에는 드레스룸이라는 개념이 크게 없었지만, 요즘은 아파트를 건축할 때부터 드레스룸을 설계합니다. 하지만 드레스룸이 따로 없거나 드레스룸을 구성할 만한 방이 없다면 마스터베드룸 안에 옷장을 배치하게 됩니다.

크지 않은 마스터베드룸 안에 커다란 침대와 거대한 옷장이 함께 들어가야 한다면 고민이 많이 될 수밖에 없습니다. 가장 공간을 넓게 활용하는 가구 배치는 그림37과 같이 침대와 옷장이 나란히 배치되는 구조 또는 침대에 누웠을 때 옷장이 보이는 가구 배치입니다.

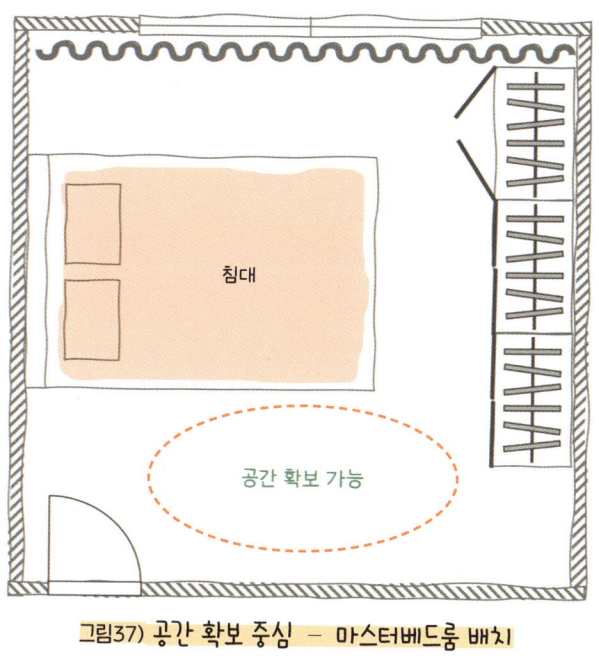

침대

공간 확보 가능

그림37) 공간 확보 중심 - 마스터베드룸 배치

이렇게 누워서 옷장이 보이는 배치라면 옷장의 부피가 크기 때문에 옷장의 디자인은 최대한 무늬나 색상이 없는 디자인으로 선택하고 손잡이도 심플하거나 없는 형태로 선택하면 마치 벽처럼 느껴져서 편안한 느낌으로 방을 사용할 수 있습니다.

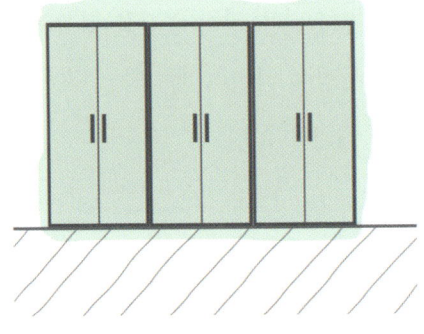

무늬가 없고 단색인 옷장

무늬가 있고 화려한 옷장

그림38) 옷장 디자인 비교

　보통 마스터베드룸은 집에서 가장 큰 방을 지정하는 편인데 간혹 여러 가지 이유로 작은방을 마스터베드룸으로 구성해야 하는 상황이 생기기도 합니다. 이런 상황에서 옷장까지 함께 배치되어야 한다면 옷장의 형태를 더욱 신중하고 똑똑하게 선택해야 합니다.

　앞으로 열리는 일반적인 여닫이문 옷장(p.181)은 옷장 앞의 공간이 도어의 너비만큼 확보되어야 하는데 옆으로 밀어서 여는 미닫이문, 즉 슬라이딩 문으로 된 옷장(p.182참고)을 선택하면 옷장과 침대의 간격이 좁아도 얼마든지 알차게 활용을 할 수 있답니다. 따라서 작은 방을 마스터베드룸으로 선정해서 침대와 옷장까지 배치해야 한다면 여유 공간이 많이 필요하지 않고 활용도가 높은 슬라이딩 문 옷장을 배치하는 것이 현명합니다.

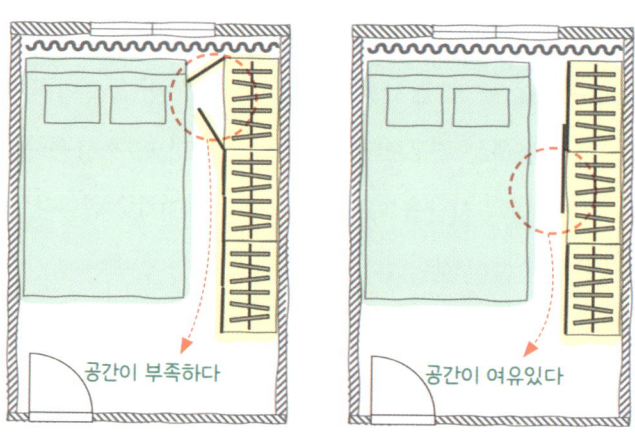

공간이 부족하다

공간이 여유있다

그림39) 작은방 이용할 때 - 마스터베드룸 배치

◀ 공간활용형 마스터베드룸에서 당신의 일상은…

　바쁜 출근 시간이라도 걱정이 없습니다. 동선이 최적화되어 있어서 일어난 후 단장하고 나가는 것이 수월하기 때문입니다. 크지 않은 집이라서 커다란 옷장은 포기해야 하는지 걱정이었고, 침대와 옷장까지 함께 들어간 침실을 생각하니 답답함이 먼저 생각났는데 바닥에서 천장까지 이어지면서 손잡이가 없는 디자인의 옷장을 선택했더니 오히려 공간이 정돈되어 보이는 것 같은 느낌이 듭니다. 예상보다 더 편리하고 알찬 공간 활용에 매일 뿌듯합니다.

휴식의 공간을 만들어요, 프라이버시형

작가 나코시 야스후미가 말한 '우리의 마음속은 다른 사람으로 가득 차 있다', '몸과 마음의 피로를 푸는 혼자만의 시간은 사치가 아닌 생존전략이다'라는 문구를 봤을 때 깊은 공감을 느꼈던 적이 있습니다. 집이란 공간은 늘 우리에게 휴식을 줄 것 같지만 때때로 가장 불편한 공간이 되기도 합니다. 집은 혼자 사용하는 경우보다는 가족 구성원이 함께 사용하는 경우가 많기 때문에 혼자만의 시간을 확보하기 힘든 공간이기도 합니다. 이런 면에서 집은 가장 평온한 공간이었다가 한순간에 가장 불편한 공간이 되기도 하는 것입니다. 혼자만의 시간이 특별히 더 필요한 사람에게 프라이버시를 지킬 수 있는 침실은 상당히 소중합니다.

이렇게 프라이버시를 중요하게 생각한다면 마스터베드룸의 침대 헤드 위치를 이렇게 구성해보면 어떨까요?

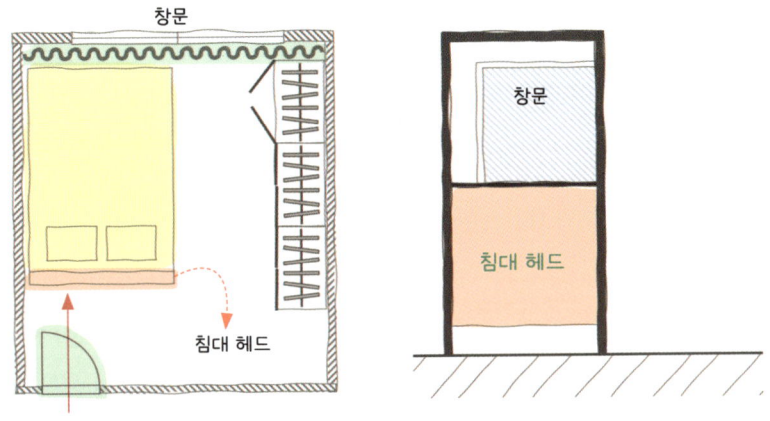

그림40) 방에 들어가면 가장 먼저 침대 헤드 뒷면이 보인다

이 배치는 방에 들어오자마자 침대 헤드가 제일 먼저 보이는 배치입니다. 이렇게 배치하면 침대 헤드의 높이가 어느 정도 있기 때문에 침대에 누워 있다가 다른 사람이 방에 들어오더라도 노출이 쉽게 되지 않습니다.

여기에 조금 더 프라이버시 보장을 높이고 싶다면 침대 헤드 뒤쪽으로 가벽 파티션이나 커튼을 설치하는 것도 좋은 방법입니다.

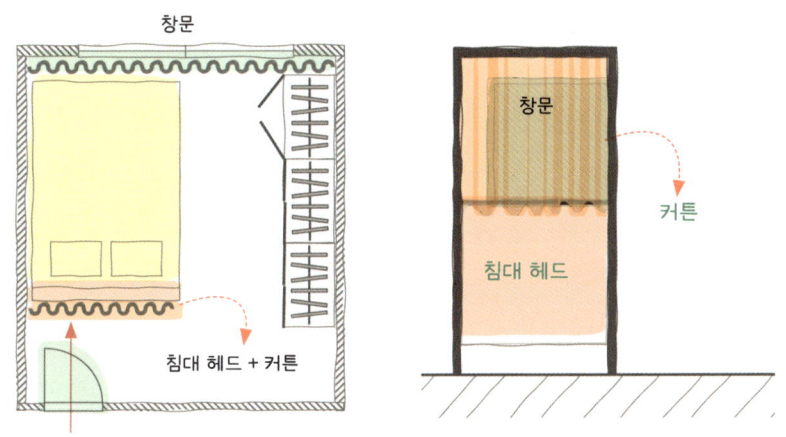

그림41) 방에 들어가면 가장 먼저 침대 헤드 뒷면과 커튼이 보인다

커튼을 추가할 때는 침대 헤드 높이를 고려하여 길이가 짧은 형태로 설치하면 가벼운 느낌으로 연출이 되고 바닥까지 길게 설치하면 프라이버시를 확실하게 보장받는 느낌이 들 수 있습니다.

만약 프라이버시를 적당히 지키고 싶다면 방 입구의 가구 배치를 신경 쓰는 게 좋습니다. 입구 쪽에 의도적으로 키가 크고 부피가 있는 가구를 배치하면 공간에 들어서면서 바로 침대가 보이지 않고 한번 시선이 차단되기 때문에 아늑한 느낌의 침실을 만들 수 있습니다.

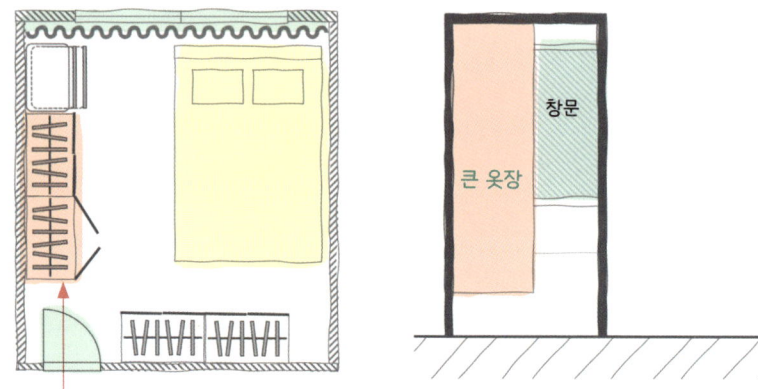

그림42) 방에 들어가면 가장 먼저 옷장의 옆면이 보인다

이때 주의해야 할 점은 입구 주변에 가구를 배치할 때 움직일 수 없는 붙박이 형태로 설치하면 이동이 어렵기에 추후 방 입구를 통해 큰 가구가 들어오거나 나갈 때 방해가 될 수도 있습니다. 따라서 이 배치는 앞으로 어떻게 가구 배치를 변경할 수 있을지 예상을 해보고 시도하는 것이 좋습니다.

◀ 프라이버시형 마스터베드룸에서 당신의 일상은…

온전한 휴식을 원할 때 이곳으로 향합니다. 프라이버시가 잘 보장되는 침대에 누워서 이런 생각, 저런 생각을 하다가 잠이 들면 그 어느 때보다 깊은 휴식을 한 것 같습니다. 내가 이 공간에 들어가 있을 때면 가족들도 조금 더 나를 배려해주는 것 같은 느낌을 받습니다. 혼자만의 공간이 생기면 가족들과 거리가 생기지 않을까 했지만, 오히려 우리는 조금 더 가까워진 것 같습니다.

매일 여행하는 기분을 느껴요, 호텔형

　호텔에서 머물며 여유를 즐기는 '호캉스'가 그 어느 때보다 인기입니다. 코로나 팬데믹 이후 외부 활동이 자유롭지 못한 상태에서 사람들이 많이 선택한 휴식의 방법입니다. 우리 집 베드룸과 호텔룸은 모두 침대로 구성된 방이라는 공통점이 있기에 호텔에서 쉬면서 휴가를 보내는 것과 집에서 쉬는 것이 크게 다를 것이 없다고 생각할 수도 있을 것입니다. 하지만 몸소 느껴봤을 때 우리는 호텔룸과 우리 집 베드룸에서의 경험이 확연히 다르다는 것을 알게 됩니다. 그렇다면 호텔룸이 집에 있는 마스터베드룸과 다른 어떤 특징이 있기에 우리는 호텔룸과 휴식을 함께 떠올릴까요?

　호텔 침실은 우리 집과는 다르게 아늑함이 더 크게 다가옵니다. 이런 진한 아늑함은 호텔룸 침대의 중앙배치에 있습니다. 집에서도 호텔 같은 느낌을 내고 싶다면 벽 한쪽에 침대를 붙여서 배치하는 방식에서 벗어나서 방 중앙에 침대를 배치하면 됩니다.

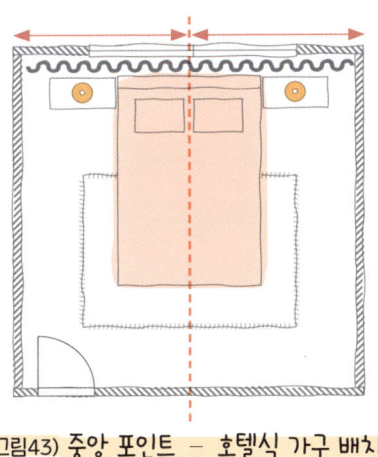

그림43) 중앙 포인트 - 호텔식 가구 배치

그리고 양쪽에 각자 사용할 수 있는 조명을 설치하고 협탁도 두 개를 배치해서 대칭 구도를 잘 이용하는 것이 좋습니다.

호텔 침실과 같은 아늑함을 느끼려면 다른 가구를 최대한 두지 않고 큰 가구는 침대만 두는 것을 추천합니다. 여기에 고급스러움을 한 방울 더하고 싶다면 커튼에 주목해야 합니다. 채광 조절이 쉽도록 나비 주름의 속 커튼과 암막 기능이 있는 커튼을 이중으로 설치하면 마스터베드룸의 품격이 호텔룸처럼 올라갑니다.

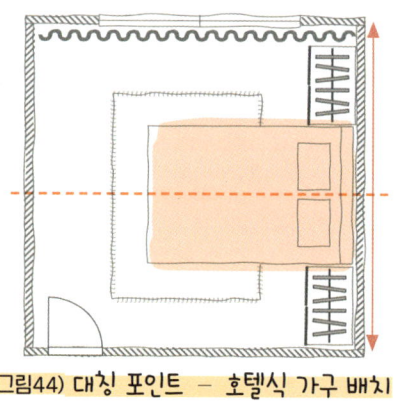

그림44) 대칭 포인트 ― 호텔식 가구 배치

만약 깔끔하게 침대만 놓고 싶지만, 공간이 여의치 않아서 옷장까지 함께 배치해야 한다면 그림44처럼 옷장을 이어서 배치하지 않고 몸통을 하나씩 분리하여 침대를 중심으로 대칭 배치하는 것이 좋습니다. 옷장이 방 한쪽 벽면을 가득 채운 스타일의 배치는 평범한 가정집 배치에 가깝기 때문에 색다른 느낌을 확실하게 주고 싶다면 기존의 일반적인 배치에서 벗어나 새로운 느낌의 배치를 해주는 것이 좋습니다. 만약 침대 하나만으로도 호텔

분위기를 내고 싶다면 그림45와 같이 침대 헤드를 크게 제작하고 양쪽에 스탠드를 배치하는 것만으로도 호텔 느낌의 침실 가구 배치에 상당한 역할을 합니다.

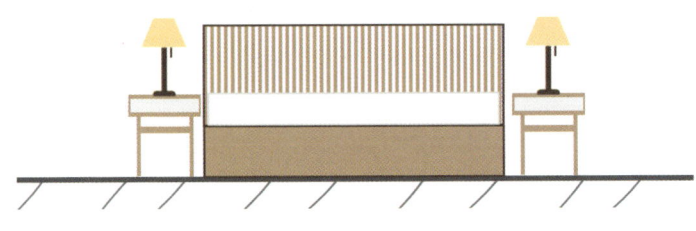

그림45) 큰 침대 헤드와 대칭으로 배치한 조명이 호텔 느낌을 만든다

그림46과 같은 한쪽 벽면을 가득 채운 침대 헤드는 마스터베드룸을 단정하게 연출합니다. 여기에 간접조명이나 벽 조명까지 들어간다면 고급스러움까지 더해져 호텔 침실 연출에 더할 나위 없이 좋습니다.

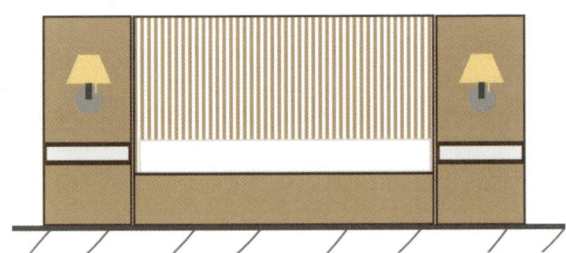

그림46) 한쪽 벽면을 가득 채운 침대 헤드와 헤드 일체형 조명은 호텔 느낌을 만든다

여러 가지 상황으로 침대를 중앙배치나 대칭 배치를 하기 어렵다면 침대 헤드를 일반적인 높이보다 더 높게 제작해서 배치하는 것만으로도 호텔 침실 연출에 도움이 됩니다. 맞춤제작이라고 하면 흔히 이동이 불가능하다고 생각할 수 있지만, 침대 헤드도 이동식으로 제작할 수 있습니다. 모듈 형태로 만들면 이사 할 때도 수월하며 새로운 공간에 다시 배치할 때도 다양한 사용이 가능하니 현명한 선택이 될 수 있습니다.

◀ 호텔형 마스터베드룸에서 당신의 일상은…

매일 여행을 하는 기분입니다. 매일의 피곤함 속에서 호텔 같이 꾸며진 방으로 돌아오면 포근한 침대가 나를 반겨주는 것 같고 침대 속으로 들어가는 순간 하루의 짐을 모두 떨쳐버립니다. 당신은 내일이면 다시 바쁜 하루로 돌아가겠지만, 나만의 침실에서 충분히 충전했기에 에너지 넘치는 매일을 보낼 수 있습니다.

홈오피스

　한 연구조사 기관에 따르면 코로나 팬데믹이 시작된 이후, 기존 회사 출근 방식에서 비대면 업무환경으로의 전환이 크게 나타났고 재택근무의 신청 비율이 코로나 팬데믹 이전에 비해 무려 월평균 7배가 증가했다고 합니다. 얼마 전까지만 해도 회사로 출근하지 않고 집에서 일한다는 것이 정말 생소한 일이었는데 이제는 집에서 업무를 본다고 했을 때 자연스러움을 먼저 느끼는 것 같습니다. 회사라는 공간에서 내 자리를 구성한다는 것은 책상 위에 어떤 것을 올려놓을 수 있을지 고민하는 수준이겠지만 이렇게 홈오피스를 만든다면 이야기가 달라집니다. 내 개성에 딱 맞고 내가 편안함을 느끼는 공간으로 구성할 수 있게 되는 것입니다.

　게다가 일상을 유지하는 데 있어서 다양하게 처리할 것들이 상당하고 심지어 초등학생까지도 컴퓨터를 이용해서 발표자료를 만드는 시대다 보니 꼭 재택근무를 하는 회사원이 아니라고 해도 홈오피스는 누구에게나 의미 있는 공간이며 이제 선택이 아닌 필수가 되었습니다.

3초 만에 다른 내가 되어 보세요, 집중형 홈오피스

그해 우리의 봄은 정말 치열했습니다. 코로나 팬데믹으로 아무것도 준비하지 못한 상태에서 갑자기 재택근무를 하게 된 남편과 집에서 각종 업무를 처리하는 제가 부딪히는 일이 정말 많았습니다. 서재가 하나였기에 한명이 서재를 써야 하면 다른 한 명은 노트북을 들고 식탁으로 나와야만 했습니다. 하지만 늘 식탁에 나와서 일하는 사람의 업무 효율성은 정말 엉망이었습니다. 저는 제안서를 작성하는 일이 많고 남편은 복잡한 시스템을 설계하는 데 도무지 집중되지 않았거든요. 이처럼 집중도 높은 작업을 해야하는 사람의 홈오피스라면 책상은 벽으로 배치하고 주변에는 너무 높지 않은 가구를 배치해서 불안요소를 제거합니다.

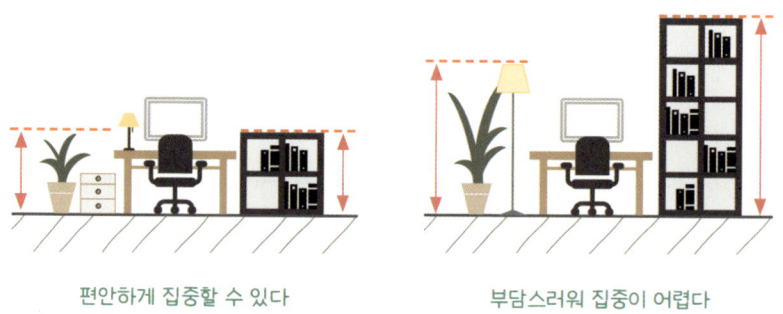

편안하게 집중할 수 있다   부담스러워 집중이 어렵다

그림47) 책상 주변에는 높지 않은 가구를 배치한다

앉았을 때 주변에 너무 높은 가구가 있으면 부담을 느낄 수 있습니다. 가구의 높이를 비슷하게 맞춰서 가구 배치를 하면 일에 몰입할 수 있는 형태로 구성이 가능합니다. 이때 우리가 종종 놓치게 되는 부분이 바로 조명입니다.

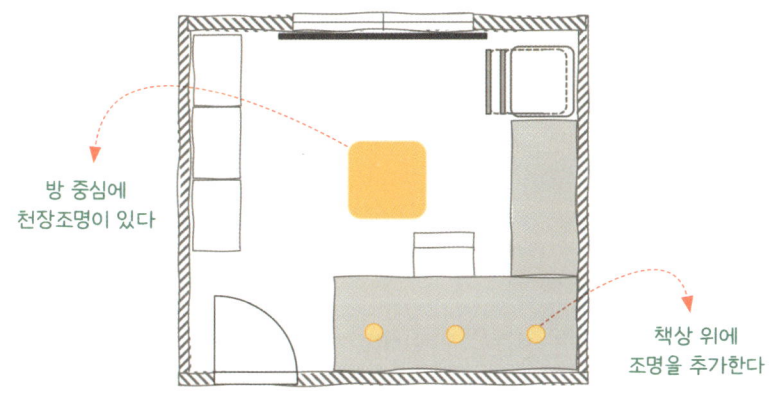

방 중심에
천장조명이 있다

책상 위에
조명을 추가한다

그림48) 집중형 홈오피스 배치

집은 사무 공간과는 다르게 천장에 설치된 기본 조명이 공간 가운데에 설치된 경우가 대부분입니다. 벽으로 책상을 배치할 경우 조명이 뒤쪽으로 위치하게 되니 그림자가 생기게 되고 업무를 할 때 편안한 느낌이 들기 어렵습니다. 업무를 보는 공간이라면 7시간~8시간 머물게 되기 때문에 피로도가 높아지지 않도록 책상 위쪽으로 기본 조명을 추가해서 설치하는 것이 가장 좋습니다.

집에서 회사까지 출근하는 시간은 단 3초. 홈오피스를 열고 들어가면 전혀 다른 내가 됩니다. 집에서 업무를 한다고 생각했을 때는 좋기도 했지만 여러 가지 방해 때문에 제대로 할 수 있는 것들이 없을 것 같았는데 오히려 이렇게 홈오피스를 구성하니 회사로 출근할 때보다 더 성과가 좋은 것 같습니다. 업무 중간에 쉬는 시간을 충분히 가지고 다시 업무를 시작할 때도 쉽게 몰입할 수 있는 홈오피스, 출근이 즐겁다는 사실이 놀라울 뿐입니다.

나를 표현하는 특별한 공간을 누리세요, 오픈형 홈오피스

집에 사무실을 그대로 옮겨 놓은 형태가 집중형 홈오피스였다면 집에서 누릴 수 있는 장점을 최대한 살린 홈오피스가 바로 오픈형 홈오피스입니다.

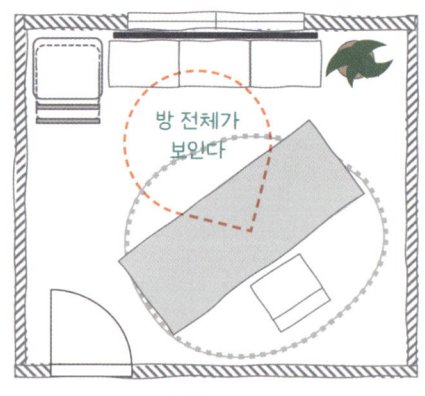

방 전체가 보인다

그림49) 오픈형 홈오피스 배치

가장 큰 특징은 방 중앙에 배치하는 책상입니다. 이렇게 배치를 하면 앉아서 벽이 보이는 형태가 아닌 방의 전체적인 모습과 물건들이 보이게 됩니다. 내 취향을 담은 것들과 업무를 할 때 필요한 것들을 마음껏 펼쳐 놓고 업무를 볼 수 있다는 점이 가장 매력적입니다.

책상이 오픈된 곳에 배치되는 오픈형 홈오피스를 구성할 때 가장 중요한 부분은 그 공간에 꼭 필요한 요소만 남기고 불필요한 물건이나, 장식 등은 제거하는 것입니다. 너무 허전하거나 삭막하게 느껴진다면 오늘의 기분을 대변할 수 있는 화병이나 가족사진 같은 아이템을 추가해보세요. 홈오피스 내의 기운을 긍정적으로 전환해 줄 수 있습니다.

여러 명이 함께 사용하는 사무실에서는 창문을 혼자 누리기 쉽지 않은데 홈오피스에서는 얼마든지 창가 가까이 책상을 배치할 수 있으니, 창문을 이용해 자연조명과 신선한 공기를 충분히 누리면 업무 능률도 수직 상승할 것입니다.

공간이 넉넉하다면 1인 안락의자를 방 한쪽에 배치하는 것도 좋습니다. 무엇인가 처리하다가 과부하가 되었을 때 앉아있는 자리를 잠시 옮기는 것만으로도 생각의 방향을 바꿀 수 있답니다.

홈오피스를 구성할 때는 벽의 색상이 상당히 중요한 부분을 차지합니다. 만약 벽을 어두운색으로 선택한다면 업무를 하는 동안 눈을 자극해 쉽게 피로해질 수 있기 때문에 벽은 밝은 톤을 선택하는 것을 추천합니다. 밝은 톤의 벽은 긴장을 이완시키고 편안함을 느끼게 하기 때문에 더 안정적인 환경을 만들어줍니다.

"적은 가구 수와 밝은 벽 컬러가 홈오피스에 적합하다"

"많은 가구 수와 강한 벽 컬러가 홈오피스에 부적합하다"

그림50) 홈오피스에 어울리는 벽 컬러와 가구 배치

여기에 더해서 안정감 있는 공간을 위해서는 가구의 종류를 최소화해서 배치해야 합니다. 아무래도 방의 모습이 전체적으로 보이기 때문에 수납장, 책장, 옷장 등 다양한 종류를 노출하면 뇌가 처리해야 할 정보가 많아지니 집중이 저하될 수 있다는 점을 꼭 기억해야 합니다.

◖ 오픈형 홈오피스에서 당신의 일상은…

여러 협력 업체와 일하는 당신은 늘 일정 조정에 어려움을 겪었지만 커다란 일정표를 홈오피스에 배치하고 나서는 수시로 이를 확인하며 일한 덕분에 업무 스트레스가 줄었습니다. 함께하는 사무실에서는 나에게 해당하는 일정만 따로 보기가 어려웠는데 이제는 나만의 홈오피스에서 나에게 맞춘 일정과 템포로 업무가 가능합니다. 내가 좋아하는 아티스트의 작품도 주변에 배치하고 사랑하는 사람의 사진도 곁에 두고 일을 하니 왠지 모를 잔잔한 행복이 밀려옵니다.

아이방

이보다 더 난이도 높은 가구 배치가 있을까요? 아이방은 그 어떤 방보다도 가구 배치가 까다롭습니다. 우선 아이방은 집에서 작은 방을 배정하는 경우가 많습니다. 하지만 상대적으로 여러 가지 역할을 하는 가구가 들어가야 합니다. 침대, 책상, 책장, 옷장, 수납장 등 다양한 종류의 가구가 들어가야 하니 고민이 많을 수밖에 없습니다. 게다가 아이는 자라나면서 생활 패턴이 바뀌고 이에 따라 필요한 가구도 달라지기 때문에 꼭 가구 배치를 다시 하겠다고 마음을 먹지 않더라도 자연스럽게 가구 배치를 주기적으로 바꾸게 됩니다.

오감을 깨워주세요, 놀이형

아이가 가장 어렸을 때는 학습보다는 자유롭게 활동할 수 있는 환경을 만드는 것이 중요합니다. 아이의 행동반경이 넓기 때문에 가구를 많이 배치하지 않고 자유롭게 움직일 수 있게 해주는 것이 좋습니다.

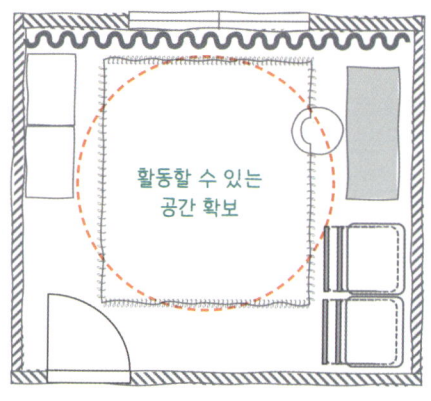

활동할 수 있는
공간 확보

그림51) 놀이형 아이방 배치

　그럼에도 불구하고 다양한 자극을 위한 장난감이 많이 필요한 시기이기 때문에 장난감 수납장과 아동용 책을 보관할 책장은 필수로 배치하게 됩니다. 어린 자녀의 방이기 때문에 너무 높이가 높은 가구보다는 아이의 시선에 맞는 높이로 제작된 가구를 선택하는 것이 현명합니다. 수납장의 경우 손을 다치지 않는 형태로 선택해야 합니다. 일반적인 서랍장보다는 플라스틱으로 된 어린이용 서랍 수납장을 이용하는 것이 좋습니다. 서랍과 서랍 사이에 틈이 있어서 손을 다칠 가능성이 없습니다. 또한, 칸칸이 다른 컬러로 구성도 가능하기 때문에 아이가 구역을 인지하기 좋고 이를 통해 자신의 물건을 스스로 정리를 할 수 있도록 유도할 수 있습니다.

서랍 사이에
틈이 있다

높이가 낮다

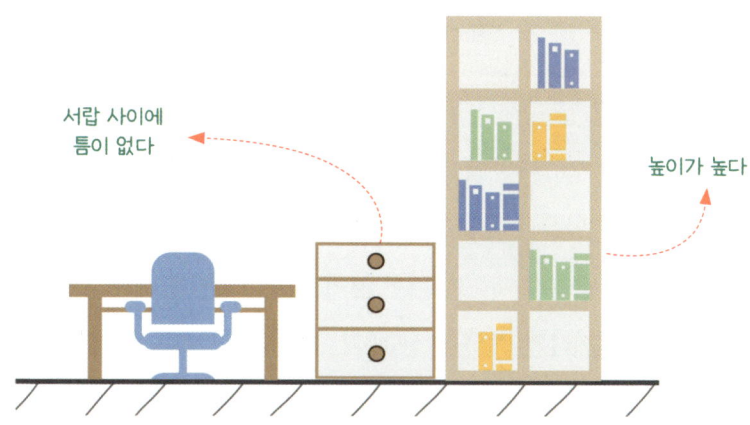

서랍 사이에
틈이 없다

높이가 높다

그림52) 아이에게 적합한 가구 선택

책장의 경우에는 일반적인 형태의 책장과 함께 정면에서 책의 표지를 확인할 수 있는 정면책장을 적절하게 잘 구성하면 아이가 정서적인 자극을 충분히 받을 수 있어서 효과적입니다.

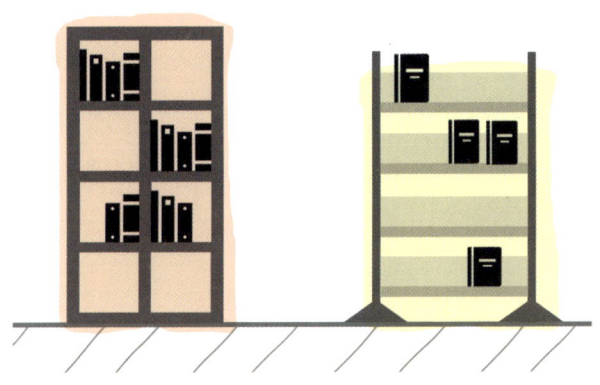

그림53) 일반 책장 vs 정면 책장

　장난감, 놀이책을 자유롭게 이용하기 위해서는 바닥에 큰 놀이 매트를 설치하는 것도 좋습니다. 물건을 떨어뜨려도 파손될 가능성이 낮아지기 때문에 안전한 놀이를 할 수 있고 아이가 다칠 가능성도 줄어듭니다.

　아이방 같은 경우에는 다양한 시각적 자극을 위해 무늬나 패턴이 있는 벽지, 벽 장식을 선택하기도 합니다. 아이의 성장 속도는 상당히 빠르고 흥미를 보이는 영역도 자주 바뀌기 때문에 무늬, 패턴으로 공간을 꾸미기보다는 컬러를 다양하게 사용하여 스타일링 하는 것이 장기적으로 좋은 방법입니다. 컬러는 벽이나 바닥에 직접 적용하는 것도 좋지만, 놀이 매트나 어린이용 포스터 등 다양한 제품을 통해 표현하면 추후에 아이방의 배치를 변경할 때도 부담이 없습니다.

◀ **놀이형 아이방에서 아이의 일상은…**

굿은 날씨에 밖에서 신나게 놀 수 없는 날이라도 괜찮습니다. 아이에게 딱 알맞은 방이 있기 때문이죠. 스스로 놀이를 할 수 있도록 잘 가지고 노는 장난감을 손이 닿는 곳에 배치해 주었더니 본인 방에 들어가면 아이는 엄마를 자주 찾지도 않고 마음껏 탐색하며 시간을 보냅니다. 이런 아이의 모습을 바라보니 아이방이 마치 아이만의 작은 우주인 것만 같습니다.

구역별 역할을 정해주세요, 학습형

아이가 조금 더 성장하게 되면 놀이와 더불어 학습에도 집중할 수 있는 영역을 계획해야 합니다. 학습에 비중을 둔 가구 배치를 한다면 가장 우선적으로 생각하게 되는 것이 책상의 배치입니다. 흔히 좋은 분위기를 위해 아이방 책상을 햇빛이 드는 창문 쪽에 배치하는 경우가 많은데 사실 햇빛은 시선을 분산시켜서 집중에는 방해될 수 있습니다.

따라서 책상은 창문 쪽을 피하고 햇빛을 느낄 수는 있지만 직접적으로 빛이 들어오지 않는 자리로 배치하는 것이 좋습니다. 또한, 책상은 방의 출입문 가까이에 두는 것이 집중력을 높이는 데 효과적입니다. 방 밖에서 누가 왔다 갔다 하는지 파악이 되어야 불안하지 않습니다. 가장 피해야 할 배치는 방의 입구를 등지고 배치한 책상입니다.

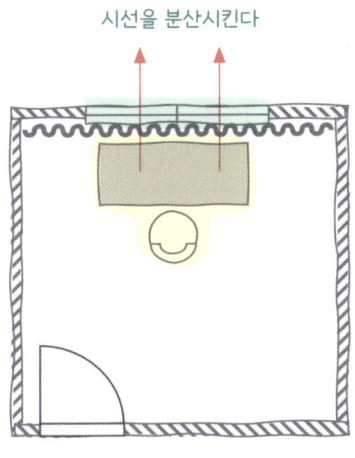

그림54) 학습형 아이방 – 피해야 할 책상 배치 1

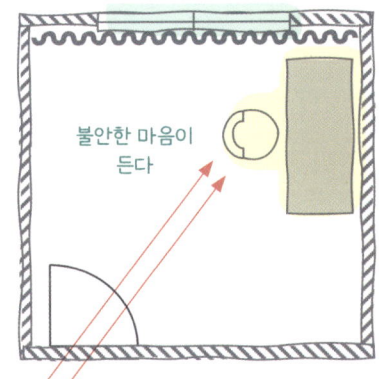

그림55) 학습형 아이방 – 피해야 할 책상 배치 2

이렇게 하면 뒤에서 누가 다가오거나 바라보지 않을까 신경이 쓰이기 때문입니다. 집중이 중요한 학습형 아이방에서 불안한 마음이 들면 안 되기에 이런 배치는 지양해주세요.

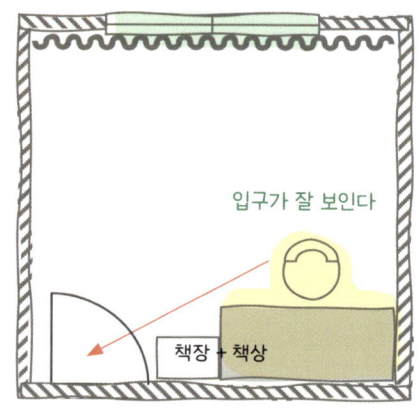

입구가 잘 보인다

책장 + 책상

그림56) 학습형 아이방 - 적절한 책상, 책장 배치 1

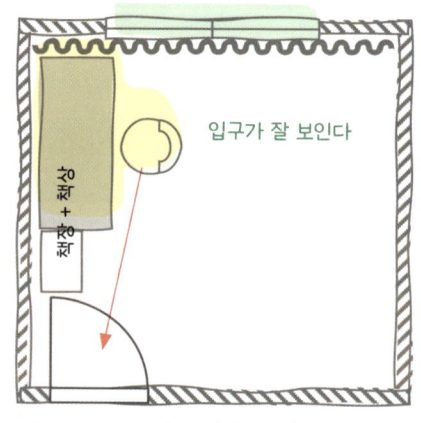

입구가 잘 보인다

책장 + 책상

그림57) 학습형 아이방 - 적절한 책상, 책장 배치 2

책장은 책상과 가까운 곳에 두는 것이 좋습니다. 책상에 앉은 상태로 필요한 책을 바로 찾을 수 있는 배치가 이상적인데요. 단, 책장의 크기가 너무 크면 학습에 대한 부담으로 다가올 수 있으니 학습에 필요한 책이나 자료를 보관할 수 있는 정도의 사이즈로 선택하여 학습환경을 조성해주세요.

책상과 침대는 거리를 두고 배치해서 책상에서 침대가 보이지 않게 하여 휴식 공간과 학습공간을 분리하는 것이 좋습니다.

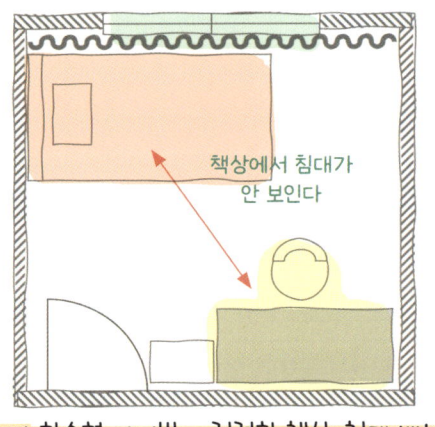

책상에서 침대가
안 보인다

그림58) 학습형 아이방 - 적절한 책상, 침대 배치 1

하지만 방의 크기가 넉넉하지 않을 때는 파티션으로 책상과 침대 사이를 구분하여 시야를 차단할 수 있습니다.

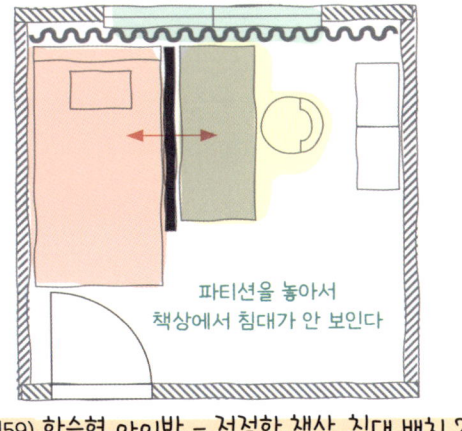

파티션을 놓아서
책상에서 침대가 안 보인다

그림59) 학습형 아이방 - 적절한 책상, 침대 배치 2

이 방법도 적용하기 어려운 환경이라면 침대 옆에 책상을 배치하고 ㄱ자 책상을 선택하면 ㅡ자 책상보다는 침대와의 경계를 나타내기에 좋습니다.

◀ 학습형 아이방에서 아이의 일상은…

학년이 올라갈수록 배워야만 하는 것도 익혀야 하는 것도 많아지고 있습니다. 공부라는 세계에 들어간 아이를 보니 짠한 느낌이 드는 것은 왜일까요? 다행히도 아이는 투덜거리기도 하지만 비교적 늘어나는 공부의 양을 잘 따라가고 있는 것 같습니다. 방의 가구 배치를 학습에 맞게 재구성했더니 아이는 책상에 앉아서 집중하는 시간이 조금 길어졌습니다. 숙제, 독서 등을 침대에 엎드려서 하려고 했던 모습과는 많이 달라진 것이 확실합니다. 더 좋은 환경 덕에 태도도 변한 것 같아 뿌듯한 마음이 가득합니다.

누구에게나 쉼은 필요해요, 휴식형

　쉬는 시간이 우리 뇌에 상당히 큰 영향을 준다는 것 알고 계셨나요? 쉬는 시간 10분을 가지면 바로 앞서 습득한 정보를 분류하게 되고 오랜 시간 기억하는 데 많은 도움을 준다고 합니다. 이는 미국 뉴욕대학교 연구팀이 연구한 결과로 연구 참여자들을 대상으로 특정한 업무를 배울 때와 쉬고 있을 때 뇌 기능 자기공명영상(fMRI)을 촬영해 뇌에서 기억에 중요한 역할을 하는 해마와 대뇌피질의 활동이 어떤지 관찰했더니 쉬는 시간에 참여자들이 어떤 활동을 하지 않았음에도 뇌는 쉬지 않고 어떤 업무나 정보를 습득할 때와 비슷하게 활성화 되었다고 합니다. 이는 뇌가 방금 배운 것이나 최신 정보를 기억할 수 있게 움직인다는 뜻이라고 합니다.

　이처럼 휴식은 아무것도 안 하는 것이 아니라 우리 뇌가 정보를 처리할 수 있게 하는 시간을 주는 귀중한 순간입니다. 게다가 성장기 아이라면 휴식과 질 좋은 수면이 건강 상태와 직결되기 때문에 만약 아이가 주로 활동을 외부에서 한다면 아이방을 휴식에 맞게 구성하는 것이 합당하겠지요.

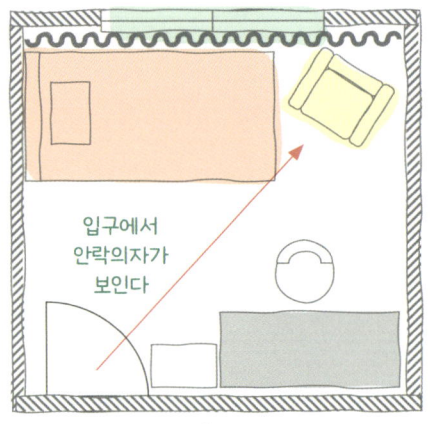

입구에서
안락의자가
보인다

그림60) 휴식형 아이방 배치

학습형 아이방과는 다르게 휴식형 방은 휴식할 수 있는 안락의자나 침대를 방에 들어갈 때 눈에 가장 먼저 보이는 곳에 배치하면 편안함을 더 가깝게 느낄 수 있습니다. 침대 헤드의 방향은 특히 세심하게 챙겨주면 좋습니다. 침대에 누웠을 때 방 입구가 보이는 배치를 해야 방문을 열었을 때 아이와 부모가 눈이 마주칠 수 있기에 아이가 안정감을 느낄 수 있습니다.

대신 침대의 위치는 방 입구 가까이보다는 조금 먼 곳에 배치해야 합니다. 침대에 누운 상태에서 너무 가까이 방 외부가 보이면 신경이 쓰일 수밖에 없으니까요. 편안한 느낌을 주는 아이방을 만들기 위해서는 원색보다는 부드러운 느낌이 나는 파스텔톤으로 방을 구성하면 좋고 방 한쪽에 촉감이 좋고 도톰한 매트를 배치합니다. 여기에 더해서 차가운 느낌이 드는 블라인드보다는 부드러운 느낌이 나는 커튼을 설치해 포근하게 감싸는 휴식형 아이방을 완성할 수 있습니다.

학교를 마치고 학원을 다녀오면 아이는 해가 뉘엿뉘엿 질 때 집으로 들어옵니다. 밖에서 얼마나 애쓰고 있는지 충분히 알기에 집에서는 온전한 휴식을 선물하고 싶습니다. 방 한쪽에 마련한 안락의자에서 아이는 좋아하는 책을 읽으며 머리를 식히거나 편안한 침대에서 뒹굴뒹굴하기도 합니다. 휴식이란 것은 누구에게나 필요한 것인데 아이에게도 휴식이 필요하다는 생각을 미처 못했던 것 같아 미안한 마음이 들기도 합니다.

공간의 기능성과 감성을 동시에 잡은 35평 아파트

POINT. 자녀가 모두 독립하고 부부만의 새로운 시작을 위한 공간인 만큼 편리한 동선과 깔끔한 가구 배치가 돋보이는 집

천장 조명은 공간 전체를 비출 수 있는 매입등으로 시공하고
따뜻한 느낌이 드는 기능성 패브릭 소파를 배치했다.

커튼은 형상기억 가공을 해서 차르르 떨어지는 느낌을 극대화 했다.

주방과 거실이 붙어있는 구조를 살려서 테이블을 배치하고 테이블 조명을 추가했다.

주방이 집의 중심이기 때문에 싱크대에 필름 시공을 하고 어우러지는 컬러의 가전을 선택해서 집에 포인트를 주었다.

크지 않은 침실은 다른 요소들은 차분하게 통일하고 침구 컬러로 느낌을 살렸다.

침실의 커튼은 침대헤드와 톤을
맞춰 부드럽게 만들었다.

침대에서 보이는 옷장은 손잡이
가 없는 깔끔한 디자인으로 선
택했다.

옷장 옆쪽의 빌트인 화장대는 기존
가구를 교체하지 않고 필름 시공으
로 옷장과 톤을 맞춰 리폼하여 가성
비와 심미성을 모두 챙겼다.

part 4

매력이 넘치는
멀티 공간 가구 배치 방법

어떤 공간에 어떤 가구를 배치하는지에 따라 그 공간의 정체성이 결정됩니다. 집 안의 공간을 입체적으로 활용하고 싶다면 다양한 영역에서 사용하는 가구를 하나의 공간에 배치하는 것이 좋은 시도가 될 수 있습니다. 생각보다 우리는 가구 배치에 대한 고정관념이 강하기 때문에 색다른 가구 배치를 하면 이사를 한 것 같은 큰 신선함을 느낄 수 있습니다. 각기 다른 역할의 가구를 하나의 공간에 배치하면 하나의 역할을 하던 공간이 여러 가지 역할을 하는 멀티 공간으로 변신하고 공간 활용도도 몇 배 이상 상승하게 됩니다.

거실

+ 다이닝

집은 다양한 기능의 집약체입니다. 몸은 하나지만 손과 발, 눈, 코, 입 등 몸을 구성하는 부분은 다 다른 일을 하듯이 집도 하나지만 그 안에 있는 영역은 다 다른 일을 하고 있습니다. 집은 크게 공공 영역, 위생 영역, 사생활 영역, 입구 영역, 통로 영역 등으로 그 영역을 구분해 볼 수 있습니다.

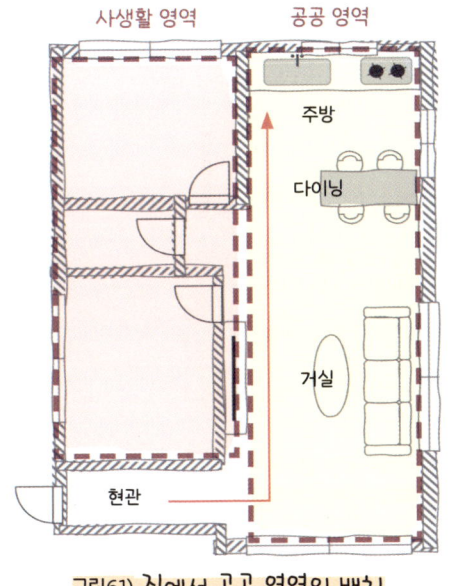

그림61) 집에서 공공 영역의 배치

그중 공공 영역은 가족이 모여서 생활하는 곳으로 대표적인 곳이 거실과 다이닝입니다. 여러분의 집을 한번 떠올려보세요.

집의 구조가 현관에서 시작해서 거실을 지나 식사를 하는 다이닝 공간을 통과하여 주방이 가장 끝에 있는 형태로 되어 있지 않나요? 방향이 반대인 경우는 있다고 해도 중앙에 주방이 위치하는 구조는 흔하지 않습니다. 이처럼 거실과 다이닝 공간은 자연스럽게 짝꿍처럼 붙게 됩니다.

하지만 주방에 비교적 큰 사이즈의 테이블이 들어갈 공간이 없다면 다른 곳에 다이닝 공간을 구성해야합니다. 이때 거실이 확장형이라면 큰 테이블을 베란다 확장 부분에 배치해서 다이닝 공간으로 만들어 볼 수 있습니다.

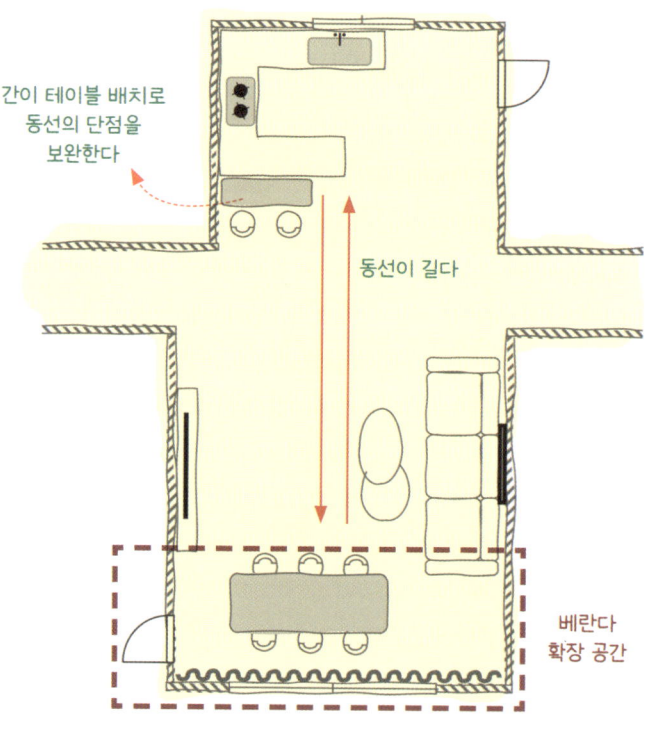

간이 테이블 배치로
동선의 단점을
보완한다

동선이 길다

베란다
확장 공간

그림62) 확장형 거실의 다이닝 배치 1

베란다 확장 부분에는 본래 천장 조명이 별도로 설치되어있는 경우가 많아서 따로 조명 설치를 하지 않아도 되는 장점이 있습니다. 게다가 조망이 좋은 곳에 집이 위치해 있다면 식사를 하면서 멋진 풍경을 즐길 수 있습니다. 거실 끝부분에 다이닝 공간을 구성하기 때문에 비교적 큰 테이블도 수월하게 이용할 수 있고 남는 공간을 이용해서 와인 셀러나 간단한 그릇장을 배치하면 미니 홈바를 구성할 수 있습니다.

하지만 주방과 거리가 다소 생기다 보니 매일 조리된 음식을 가지고 이동해야 한다는 부담감이 있고 식사 후 정리를 할 때도 번거로울 수 있습니다. 이 부분을 보완할 수 있도록 간단한 식사는 주방 근처에서 가능하게 작은 테이블을 간이용으로 마련하거나 트롤리를 이용해서 음식을 이동할 때 도움을 받는 것도 좋은 팁이 될 수 있습니다.

주방에서 다이닝 공간까지의 거리를 좁히고 싶다면 그림63과 같은 배치를 추천합니다. 거실과 주방 사이 중심에 테이블을 배치하는 방법인데요, 흔하게 보는 배치가 아니기 때문에 어색함을 느낄 수 있지만 실제로 적용해 보면 꽤 괜찮은 배치랍니다. 주방과 거리가 멀지 않기 때문에 필요할 때는 온전한 식사공간으로 편리하게 사용이 가능하고 테이블이 거실 안쪽으로 들어와 있기에 가족이나 손님들과 다양한 활동을 하기에도 적합해서 그야말로 멀티 공간으로 활용하기 좋습니다.

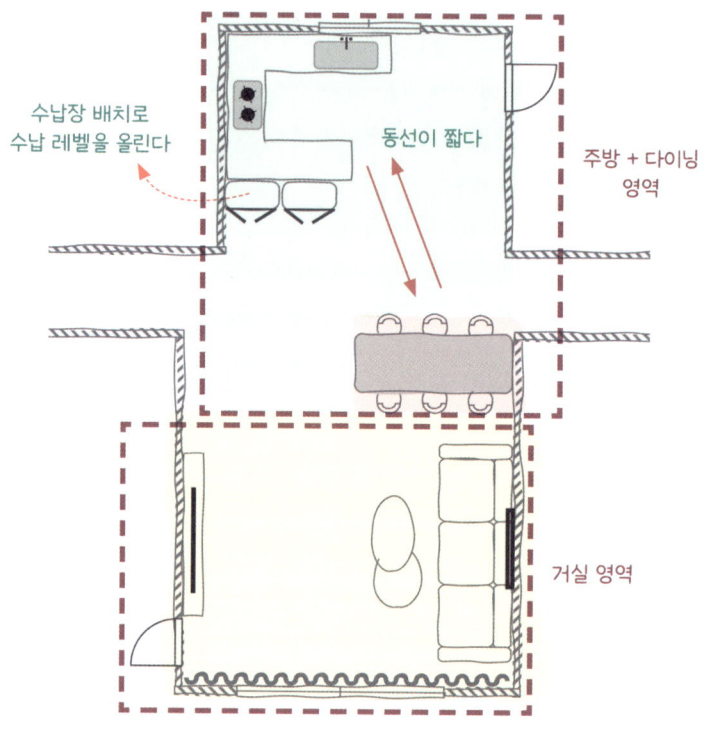

수납장 배치로
수납 레벨을 올린다

동선이 짧다

주방 + 다이닝
영역

거실 영역

그림63) 확장형 거실의 다이닝 배치 2

　하지만 테이블을 이렇게 배치하면 어디서부터 어디까지 거실인지 구분이
잘되지 않을 수 있습니다. 이때는 거실의 3분의 1은 다이닝으로 배정하고 3
분의 2를 거실로 생각해서 텔레비전이나 거실장의 중앙을 이에 맞도록 배
치하면 됩니다.

　더불어 또 하나 생각해 봐야 할 부분이 조명입니다. 이곳은 흔히 천장 조
명을 설치하는 곳이 아니기 때문에 어두운 곳에 테이블이 배치될 수 있습

니다. 가능하다면 조명 공사를 통해 조명을 추가하거나 여의치 않다면 코드 줄조명(p.194 참고)이나 벽 스탠드(p.192 참고)를 이용하여 시공 없이도 충분히 조도를 확보할 수 있습니다.

◖ **거실 + 다이닝 공간에서 당신의 일상은…**

요리에 진심인 당신은 넓은 조리 공간이 꼭 필요합니다. 작은 식탁을 주방 옆에 바로 붙여서 배치해볼까 했지만 그 대신 큰 아일랜드를 선택했습니다. 테이블은 거실 한쪽 창가 쪽에 자리를 잡았고 테이블 위쪽으로는 다이닝 공간에 어울리도록 펜던트 조명을 설치했더니 분위기가 한층 좋아져서 만족스럽습니다. 주로 저녁 식사 시간에 가족이 함께 모여서 식사를 하는데 바깥 풍경을 보며 시간을 나누다 보면 마치 외식을 하는 느낌마저 듭니다.

거실
+ 홈오피스

거실은 집에서 가장 면적이 넓은 공간이지만 그 사용 용도가 명확하지 않은 유니크한 공간입니다. 사용 용도가 명확하지 않다는 것은 밥을 먹어도, 텔레비전을 봐도, 독서를 해도 어색하지 않다는 것입니다. 즉, 무엇이든 해도 되는 열린 공간이라는 뜻이지요. 어떤 역할의 공간과도 두루두루 잘 어울리는 곳이 거실이지만 특히 잘 어울리는 공간 중 하나가 바로 홈오피스 입니다. 홈오피스는 어른이 주로 사용하는 공간이라는 인식이 강했지만 이제는 컴퓨터를 이용한 학습이 보편화되면서 온 가족이 함께 사용할 홈오피스가 필수가 되었습니다. 홈오피스에 '공유'라는 성격이 추가되면서 공공 영역인 거실과 통하는 부분이 생겼고 게다가 코딩 교육도 비중 있는 교육과정이 된다고 하니 모든 구성원이 함께 사용할 수 있는 홈오피스에 대한 고민이 더욱 중요한 시기인 것 같습니다.

그림64와 65를 보세요. 만약 거실 한쪽 벽 사이즈에 꼭 맞는 4인용 ㅡ자 소파를 구입할 계획이었다면 3인용 소파로 사이즈를 조절하거나, ㄱ자 소파로 구조를 변경해서 소파 옆쪽으로 공간을 확보해보세요. 이렇게 마련한 공간에 컴퓨터를 할 수 있을 정도의 적당한 크기의 책상을 배치하면 홈오

피스를 거실에 만들 수 있습니다. 책상 위쪽으로 벽 선반을 설치하면 장식이나 간단한 책, 서류를 보관할 수 있습니다. 대신 거실 공간에 마련한 홈오피스라는 점을 고려하여 너무 많은 물건을 장식하지 않는 것이 좋습니다.

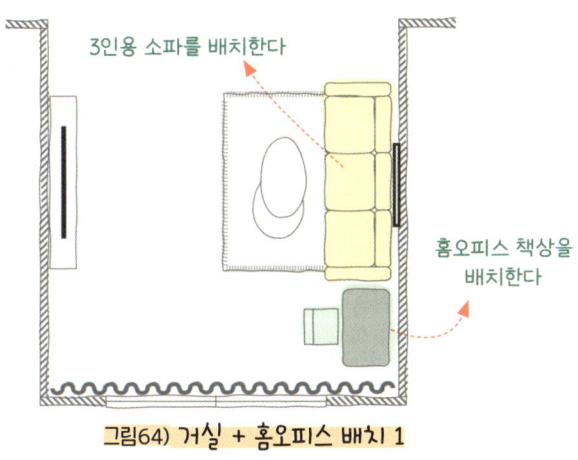

3인용 소파를 배치한다

홈오피스 책상을 배치한다

그림64) 거실 + 홈오피스 배치 1

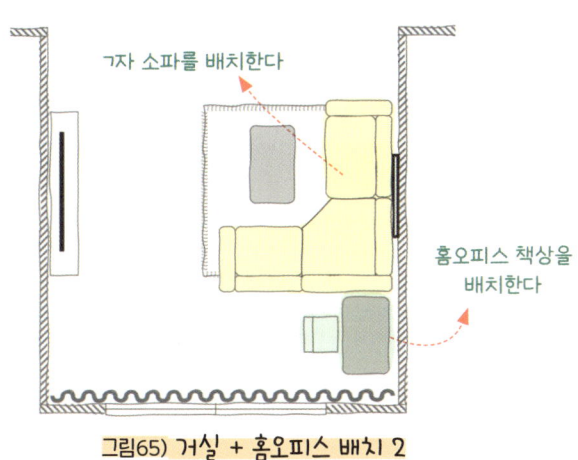

ㄱ자 소파를 배치한다

홈오피스 책상을 배치한다

그림65) 거실 + 홈오피스 배치 2

조금 더 구분하고 싶다면 가벽이나 파티션을 이용하거나 중간 높이의 책장을 소파와 책상 사이에 배치하여 시선 차단 및 집중도를 확보할 수 있습니다.

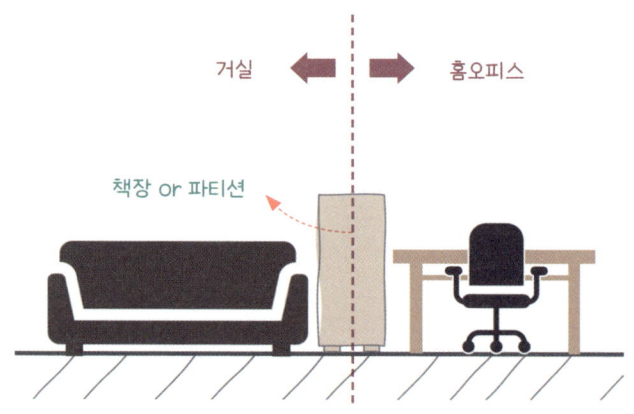

그림66) 거실 + 홈오피스 배치 3

넉넉한 사이즈의 홈오피스를 거실 한쪽에 구성하고 싶다면 낮은 가벽을 이용해서 공간을 크게 분리하고 길이 160cm 이상의 책상을 배치하면 필요에 따라 2명이 앉아서 활용할 수 있는 홈오피스를 완성할 수 있습니다.

이때 낮은 가벽을 이용하는 이유는 낮은 가벽이 공간 분할을 해주면서도 시선은 소통이 가능하게 해주기 때문입니다. 낮은 가벽을 사용하면 공간 전체의 흐름을 부드럽게 만들어줍니다.

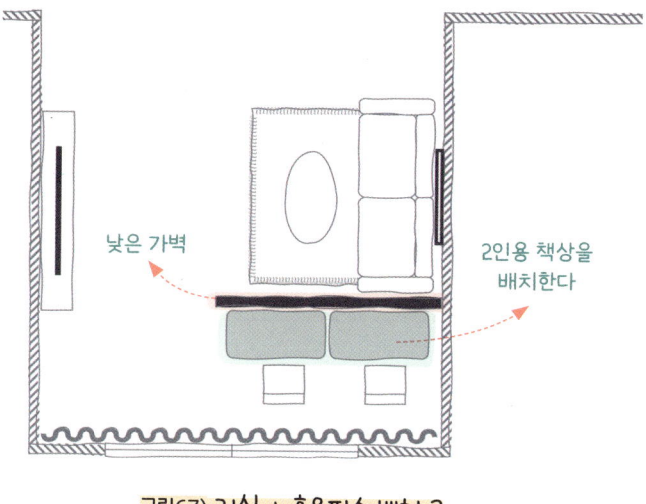

낮은 가벽

2인용 책상을
배치한다

그림67) 거실 + 홈오피스 배치 3

　이렇게 비교적 넓은 면적을 홈오피스에 배정하는 경우에 공간이 낭비되는 일이 생긴다면 아쉬움이 커집니다. 따라서 거실 홈오피스의 활용도를 최대한으로 높이기 위해서는 천장 조명을 필수로 추가해주는 것이 좋습니다.

　거실이 확장형이 아니라면 발코니가 거실에 붙어 있기 때문에 거실에 홈오피스를 추가할 때 제약이 있을 수밖에 없습니다. 이럴 때는 거실 텔레비전 옆에 작은 사이즈의 책상을 배치해서 홈오피스를 활용할 수 있습니다. 거실 소파에 앉아서 컴퓨터 화면이 보이기 때문에 아직 컴퓨터 사용 시간 조절이 능숙하지 않은, 어린 자녀가 있는 집에서 활용하면 좋을 배치입니다. 단, 책상 위가 조금만 지저분해도 눈에 잘 띌 수 있으니 되도록 책상 위에는 물건을 올리지 않아야 합니다.

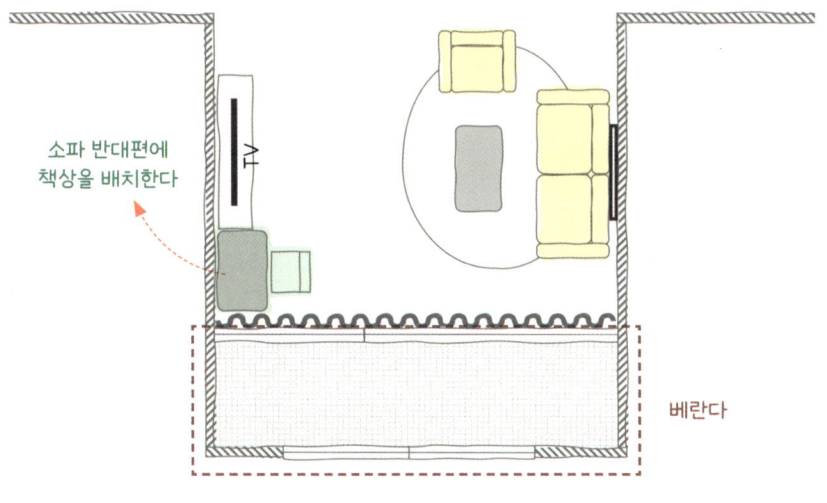

소파 반대편에
책상을 배치한다

TV

베란다

그림68) 거실 + 홈오피스 배치 4

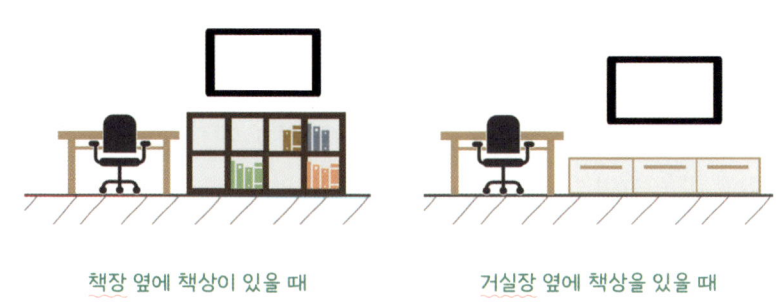

책장 옆에 책상이 있을 때

거실장 옆에 책상을 있을 때

그림69) 거실에 홈오피스를 만들 때 책장을 함께 배치하면 좋다

책상과 더불어 주변에 낮은 책장과 수납장을 같이 배치하면 자연스러운 느낌의 거실 홈오피스를 만들 수 있습니다.

◀ **거실+홈오피스에서 당신의 일상은…**

인플루언서로 여러 업체와 협업을 하는 당신은 콘텐츠 제작부터 홍보, 업체와의 커뮤니케이션 등 모든 업무를 혼자 처리하는 1인 기업이나 다름이 없습니다. 올해는 더욱 바쁜 하루하루를 보내는데, 바로 아이가 초등학교 입학을 했기 때문입니다. 그래서 올해부터는 일찍 하교하는 아이를 돌보면서 여러 업무도 동시에 할 수 있도록 거실에 홈오피스를 마련해서 아이에게 해야 할 것들을 알려주고 체크하면서 함께 거실에서 각자 할 일을 하고 있습니다. 거실 홈오피스 덕분에 아이 돌봄도, 업무도 스트레스가 전보다 확실하게 줄었습니다.

마스터베드룸
+ 홈오피스

　물리적으로 하나인 공간에 가구 배치를 해서 여러 역할을 부여할 때 꼭 고려해야 할 부분이 있습니다. 바로 공간별 '사생활 보호 점수'입니다. 사생활 보호 점수는 집의 각 공간이 필요로 하는 사생활 보장 정도를 파악하여 부여하는 점수로 예를 들어 거실 같은 공용 공간보다 화장실은 사생활 보호가 더 되어야 하므로 사생활 보장 점수가 더 높을 것입니다.

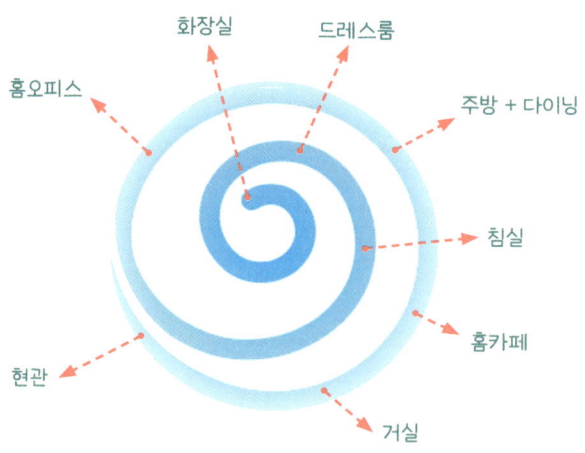

그림70) 안쪽으로 들어갈수록 사생활 보호 점수가 높다

따라서 새롭게 추가하거나 공간을 합쳐서 멀티 공간을 만들 때 이 사생활 보장 점수가 비슷한 것끼리 묶어서 배치해야 여러분의 일상 가치가 올라갑니다. 예를 들어 사생활 보장 점수가 높은 마스터베드룸 안에 사생활 보장 점수가 낮은 홈카페를 만든다고 생각해 보세요. 손님이 왔을 때 함께 마스터베드룸으로 들어가 커피를 마신다면 손님도, 집주인도 불편한 마음일 것입니다.

매우 독특하게도 주 사용자에 따라 사생활 보장 점수가 달라지는 공간이 바로 홈오피스입니다. 가족과 함께 공유해도 되는 홈오피스는 사생활 보장 점수가 비교적 낮기 때문에 거실과 함께 구성하면 되고 집중해서 업무를 해약하는 사생활 보장 점수가 높은 홈오피스는 마스터베드룸과 짝을 이루면 좋습니다.

마스터베드룸 안에 홈오피스를 만드는 가장 쉬운 방법은 침대 헤드를 이용해서 그 뒤쪽으로 책상을 배치하는 것입니다. 그림71을 보세요. 이렇게 하면 침대에 있는 사람과 업무를 보는 사람의 영역이 구분되어 각자의 사생활이 보장되는 느낌을 받을 수 있습니다. 여기서 사생활 보장 점수를 더 높이고 싶다면 침대 헤드 위쪽으로 가벽을 만들어서 완전히 구분되도록 배치해볼 수 있습니다. 이럴 경우에는 공간이 완전 분할되기에 조명의 위치까지 꼼꼼하게 신경을 써야 한답니다.

그림72와 같은 책상에 앉아서 침대를 바라보는 배치도 시도해볼 만한 배치입니다. 침대 헤드 뒤쪽으로 책상을 배치하려면 방의 사이즈가 어느 정도 커야 하는데 이렇게 침대의 옆면에 책상을 붙여서 배치를 하게 되면 비교적 작은 방에서도 마스터베드룸과 홈오피스를 함께 구성할 수 있습니다.

이 배치에서는 침대에 누운 사람이 책상 위 물건에 방해를 받지 않도록 파티션을 배치하거나 책상 위를 항상 깔끔하게 유지하는 것이 좋습니다.

침대 헤드 이용 or 가벽을 추가한다

그림71) 마스터베드룸 + 홈오피스 배치 1

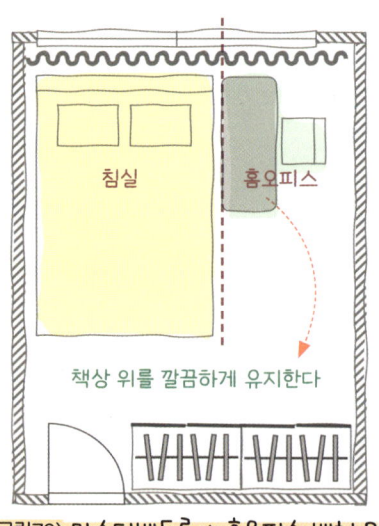

책상 위를 깔끔하게 유지한다

그림72) 마스터베드룸 + 홈오피스 배치 2

같은 공간이지만 우리는 각자의 일을 합니다. 침대에서는 휴식을, 책상에서는 업무를 보며 공간의 무드를 공유합니다. 아침에 출근해서 퇴근할 때까지 각자의 삶을 지내다 집에 돌아와 함께할 때면 얼굴을 마주 보고 다양한 일을 하고 싶지만, 퇴근 후에도 집에서 해야 할 일이 있을 때가 많아 아쉬울 뿐입니다. 마스터베드룸과 홈오피스가 공존하는 이 공간에서 긴 대화를 깊게 나누지는 않지만 하나의 공간에 있다는 점만으로도 의미가 있다고 느껴지고 괜스레 위안이 되는 밤입니다.

마스터베드룸
+ 드레스룸

흔히 마스터베드룸에 옷을 보관할 때는 문이 달린 일반 옷장이나 벽면을 더욱 깔끔하고 정돈되게 보이는 붙박이장 시공을 합니다. 하지만 벽을 세워 마스터베드룸 공간을 완전히 분리하여 드레스룸을 만든다면 옷장보다는 오픈된 시스템 행거를 선택하는 것이 더 현명할 수 있습니다.

옷장과 시스템 행거를 비교해 보면 시스템 행거는 옷장에 비해 먼지가 쌓이기 쉽고 지저분해 보일 수 있다는 단점이 있지만 옷장에 비해서는 부피가 작고 통풍이 잘된다는 장점이 있습니다. 바로 부피가 적다는 점 때문에 방을 나눠서 공간 확보를 한 드레스룸의 경우에 행거를 추천합니다.

마스터베드룸을 나눠서 드레스룸을 만들 때 동선을 우선적으로 고려한다면 그림73처럼 드레스룸의 위치를 마스터베드룸 입구에 가깝게 만드는 것이 좋습니다. 더불어 침대는 드레스룸을 지나 안쪽에 배치되니 침대의 사생활 보장 점수가 더욱 올라가게 됩니다.

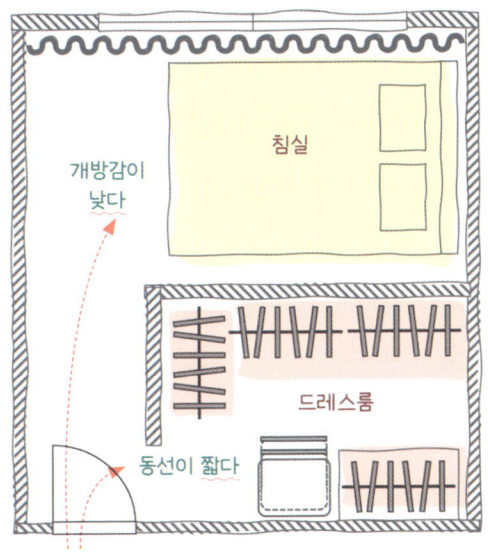

개방감이
낮다

침실

드레스룸

동선이 짧다

그림73) 마스터베드룸 + 드레스룸 배치 1

개방감을 우선적으로 고려하면 그림74처럼 높이가 낮은 침대를 마스터베드룸 입구 가까이 배치하고 제일 안쪽에 벽을 만들어서 드레스룸을 만들면 됩니다. 드레스룸 안쪽에는 방 사이즈에 따라 시스템 행거를 나란하게 배치해도 되고 공간이 협조하면 ㄱ자 배치를 하면 됩니다.

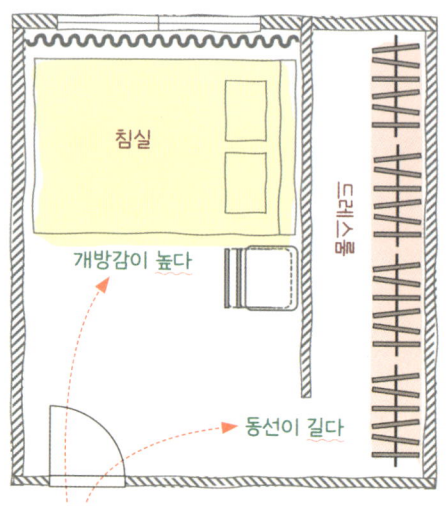

침실

드레스룸

개방감이 높다

동선이 길다

그림74) 마스터베드룸 + 드레스룸 배치 2

　도어형 옷장의 경우 여닫이 기준으로 깊이가 문을 포함하여 보통 62cm 고 문이 열린 상태에서 사람이 뒤쪽으로 지나는 공간까지 생각한다면 62cm(옷장의 깊이) + 40cm(옷장 문의 너비) + 60cm(사람이 지나갈 수 있는 너비) = 162cm의 공간이 필요하지만 오픈형 옷장의 경우는 깊이가 대략 50cm고 문이 없기 때문에 필요한 공간이 50cm(행거의 깊이) + 60cm(사람이 지나갈 수 있는 너비) = 110cm가 됩니다. 마스터베드룸에 드레스룸을 제작하면 룸 인 룸 형태가 되어 사이즈가 작을 수밖에 없는데 이럴 때는 부피가 더 적은 오픈형 옷장을 설치하는 것이 더 효율적입니다.

도 어 형 옷 장

필요한 공간
162cm

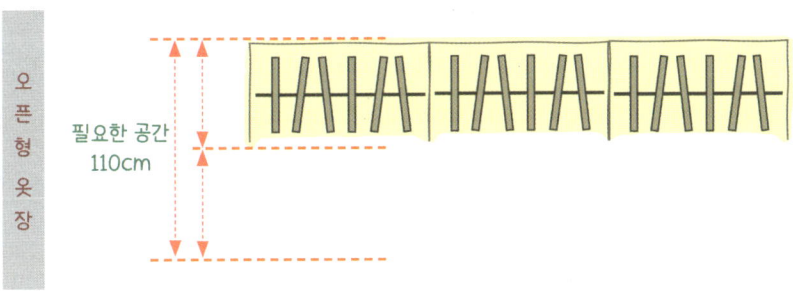

오 픈 형 옷 장

필요한 공간
110cm

그림75) 도어형 옷장 vs 오픈형 옷장의 공간 확보 차이

몸통이 봉 형태고 도어가없는 시스템 행거/오픈형 옷장

몸통만 있고 도어가 없는 반오픈형 옷장

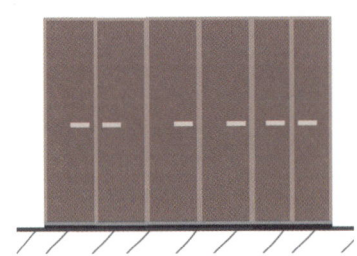

몸통과 도어가 모두 있는 도어형 옷장

그림76) 옷장의 형태 비교

공간은 좁은데 옷이 완전히 노출되는 시스템 행거도 부담스럽다면 옷장의 장점과 오픈형 시스템 행거의 장점을 합친 형태를 이용해도 좋습니다. 바로 옷장처럼 몸통은 있지만, 문이 없는 형태인데요, 문이 없어서 필요한 공간이 일반 옷장보다는 적고 시스템 행거보다는 먼지도 덜 쌓여서 또 다른 대안이 될 수 있으니 참고해볼 만합니다.

◖ 마스터베드룸 + 드레스룸에서 당신의 일상은…

침대에 누워있으면 그 어떤 가구도 보이지 않으니 마음이 정말 편안합니다. 비록 드레스룸 공간이 없는 오래된 아파트에 살고 있지만, 벽을 만들어 드레스룸을 따로 구성했더니 수납도 넉넉하고 지저분한 부분이 보이지 않아서 집이 더 평온해진 느낌입니다. 드레스룸 안에는 오픈 시스템 행거 제품을 구입해 배치했더니 붙박이장 맞춤보다 비용도 절감되고 옷도 한눈에 보여서 출근 시간도 단축되었습니다. 가구 배치 하나로 하루의 시작이 달라질 수 있다는 것이 신기할 뿐입니다.

형제자매방

성별이 다른 남매 육아는 장난감부터 옷의 종류, 방의 느낌까지 달라도 너무 달라서 함께 지내는 남매방을 만들기가 어렵고 어렸을 때 남매방을 구성한다고 해도 사춘기가 오게 되면 방을 반드시 분리해야 합니다. 형제, 자매는 이런 면에서 남매 보다는 공유할 수 있는 것들이 더 많고 공유할 수 있는 시간도 더 길어서 형제, 자매 방을 만들기가 수월합니다.

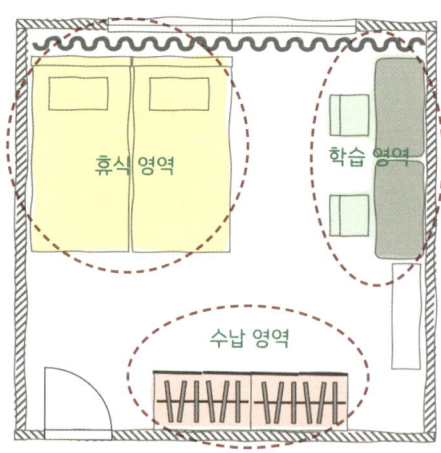

그림77) 친밀형 형제자매방 배치

아이들이 아직 어려서 서로 의지하고, 함께 있는 것이 마냥 좋은 시기에는 친밀도를 유지할 수 있도록 가구를 같은 종류끼리 그룹을 지어서 배치하면 좋습니다. 책상은 나란히 배치하고 침대도 붙여서 배치하면 방이 자연스럽게 휴식영역, 학습영역, 수납영역으로 구분되어 관리하기 쉽고 동선이 편리한 가구 배치가 됩니다.

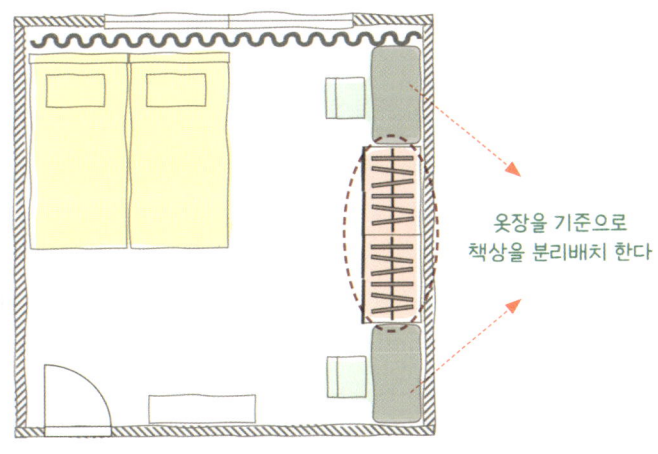

그림78) 친밀형 형제자매방 – 책상 분리 배치

옷장을 기준으로
책상을 분리배치 한다

　옷장의 경우 다양하게 배치해 볼 수 있는데 학습영역을 구분하는 목적으로 책상과 책상 사이에 옷장을 배치할 수도 있고 벽면 한쪽을 할애하여 비교적 사이즈가 큰 옷장을 배치해도 됩니다.

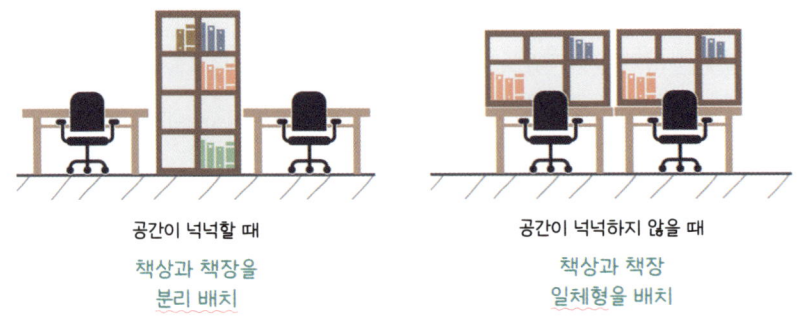

공간이 넉넉할 때
책상과 책장을
분리 배치

공간이 넉넉하지 않을 때
책상과 책장
일체형을 배치

그림79) 친밀형 형제자매방 – 책상 분리 배치

아무래도 형제, 자매의 방은 하나의 방에 많은 가구가 들어가기 때문에 큰 사이즈의 책장을 방 안에 배치하기 쉽지 않습니다. 이런 경우 책장이 전면이나 측면에 붙어있는 일체형 책상으로 선택하면 공간 활용을 더 똑똑하게 할 수 있습니다.

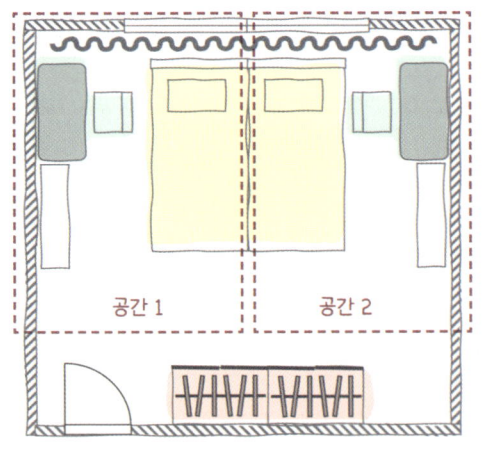

공간 1   공간 2

그림80) 독립형 형제자매방 배치 1

하나의 방을 이용하지만 각자의 공간을 독립적으로 보장해주고 싶을 때는 그림80과 같은 독립형으로 형제자매방을 배치 하면 좋습니다. 이 배치는 아이들이 각자의 영역을 필요로 하기 시작하지만, 아직 방이 하나 더 마련하기 어려울 때 시도해 보면 좋은 배치입니다. 방 가운데 침대를 함께 배치하고 책상과 옷장을 반대편에 배치하면 '따로 또 같이' 가구 배치가 되는데요, 더욱 구분하고 싶다면 침대와 침대 사이에 오픈형 책장을 두어서 수납과 공간 분리를 동시에 노려볼 수 있습니다.

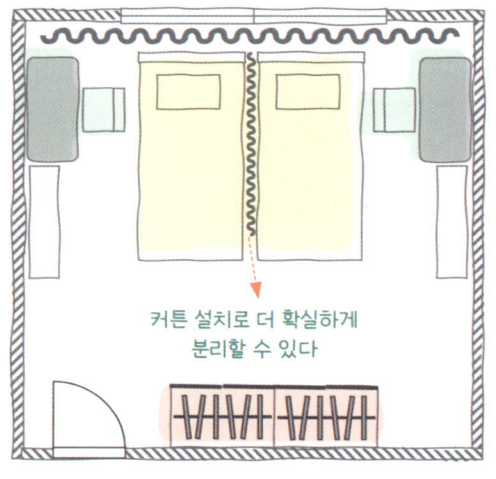

커튼 설치로 더 확실하게
분리할 수 있다

그림81) 독립형 형제자매방 배치 2

　가변적인 형태를 원한다면 그림81처럼 천장에 커튼을 달아서 침대 사이를 구분해 보세요. 때로는 나눠서 활용하고 때로는 함께하는 공간을 만들 수 있습니다.

2명이 나눠서
사용하는 방이기 때문에

조명 1개는 부족하다

2명이 나눠서
사용하는 방이기 때문에

레일조명 등 조명의 수를
추가한다

그림82) 형제자매방 조명 배치 선택

 보통 방의 천장 조명은 가운데 1개 있는 경우가 많은데 방을 이렇게 2개로 나눠 사용하면 조명 사용에 어려움이 있을 수 있으니 레일 조명을 이용해서 방 전체적으로 빛을 확보하거나 조명 공사를 통해 두 아이의 영역에 각각 조명을 설치하면 방의 기능을 온전하게 할 수 있습니다.

　연년생인 형제를 키우는 당신은 늘 붙어서 지내는 아이들이 사랑스러우면서도 각자의 방을 잘 활용하지 못하고 거실에 나와서 함께 시간을 보내는 모습에 고민이 많았습니다. 큰 결심을 하고 마스터베드룸으로 사용하던 가장 큰 방을 형제의 방으로 바꾸니 그 이후로는 아이들이 방에서 활동을 주로 하게 되었습니다. 비록 부부의 침실은 작은 방이 되었지만 잘한 결정이라고 자신을 칭찬합니다. 아이들이 방을 알차게 사용하니 모든 공간이 제 역할을 하는 것 같고 심지어 거실은 보너스 공간처럼 느껴집니다.

구경하기 4 전셋집의 단점을 가구 배치로 커버한 31평 아파트

POINT. 3명의 자녀와 부부가 거주하는 곳으로 방이 3개인 점을 고려하여 형제가 하나의 방을 나눠서 사용할 수 있도록 가구 배치에 집중한 집

전실과 중문이 없는 좁은 현관의 단점을 거울 설치와 화이트 톤 맞춤으로 보완했다.

크지 않은 거실에 많은 가구가 들어가야 하기 때문에 커튼으로 스카이블루 컬러 포인트를 확실하게 줘서 시선처리를 세심하게 계획했다.

부드러운 느낌으로 연출한 작지만 따뜻한 다이닝 공간. 다이닝 공간과 주방을 구분하기 위해 커튼을 맞춤 제작해서 설치했다.

틈새 공간도 놓치지 않고 비슷한 스타일의 수납장을 나란히 배치했다.

가장 작은 방을 부부 침실로 구성했다.
화장대를 따로 놓을 수 없어서 붙박이장
한쪽을 오픈형으로 디자인하고 배면거울
을 달아 스탠딩 화장대로 활용하게 했다.

형제가 사용하는 방으로 책상과 침대 등 모든 가구를 2인에 맞게 배치한 공간이다.

침대는 나란하게 2개를 배치하고
블라인드가 설치된 커튼박스에는 LED 줄조명을 붙여서 활용도를 높였다.

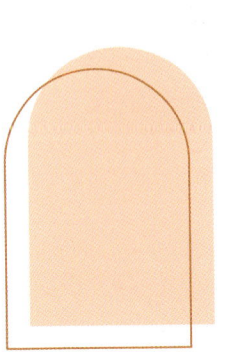

part 5

현명한 가구 선택을 위한 가이드

기능만을 고려하여 제품을 선택하는 시대는 한참 전에 지났습니다. 오히려 요즘은 기능보다는 개인의 취향을 우선으로 고려해서 가격이 다소 높더라도 내 마음에 드는 제품을 찾기 위해 노력하고는 합니다. 이런 소비 형태가 처음 나타났을 때는 '감성 소비'라는 이름을 붙이기도 했습니다. 지금은 본인의 취향, 라이프 스타일을 반영하는 제품을 찾아서 구입하는 것이 당연한 일로 여겨집니다. 사람들의 다양한 요구에 따라서 당연히 제품들도 다양한 형태, 다양한 기능, 다양한 디자인으로 출시되고 있고 가구 또한 예외는 아닙니다.

가구를 구입하려고 살펴봤을 때 너무 많은 종류와 디자인이 있어서 어떤 것을 선택하는 것이 좋을지 고민한 경험은 누구나 있을 것입니다. 우리가 이렇게 가구 선택에 공을 들이는 이유는 어떤 가구를 선택하는지가 수월한 가구 배치에 큰 영향을 주기 때문입니다. 다양한 가구에 대한 이해가 충분하다면 가구 선택에 큰 도움이 될 것입니다.

테이블 종류에 따라
공간의 이야기가 달라져요

사용자 수에 따라 결정되는 테이블의 크기

　기본적으로 상판의 크기는 사용하려는 사람 수에 따라 결정되는데 기본 크기 외에 다른 크기를 원한다면 맞춤제작을 하면 됩니다. 테이블의 크기는 어느 정도 유동적이겠지만 대부분 2인용은 80cm×80cm, 4인용은 80cm×120cm, 6인용은 80cm×160cm 정도로 출시되고 있습니다. 테이블의 폭은 양쪽에서 사람이 마주 보고 식사를 해야 하기 때문에 75cm~80cm 이상이 되어야 부담스럽지 않게 식사를 즐길 수 있습니다.

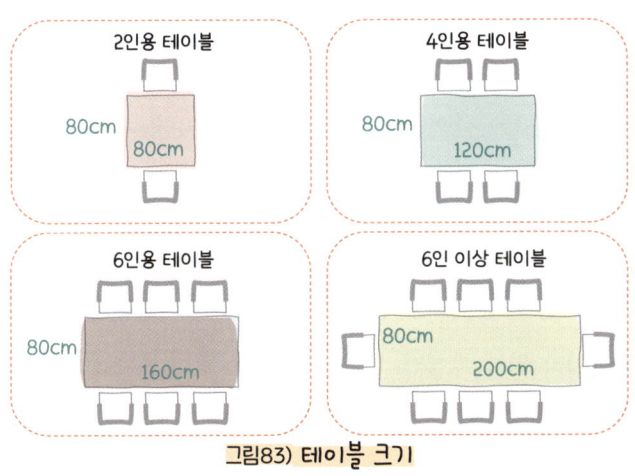

그림83) 테이블 크기

공간 활용도가 달라지는 테이블 상판의 모양

테이블 상판은 사각형이 가장 일반적이고 4개의 면을 모두 벽에 붙일 수 있기 때문에 공간에 맞게 다양한 배치를 할 수 있습니다. 원형의 경우 작은 공간에 비교적 여러 명이 앉을 수 있다는 장점이 있지만, 이 장점을 잘 이용하려면 식탁 의자는 테이블 안쪽으로 쏙 들어가는 것으로 선택하는 것이 좋습니다.

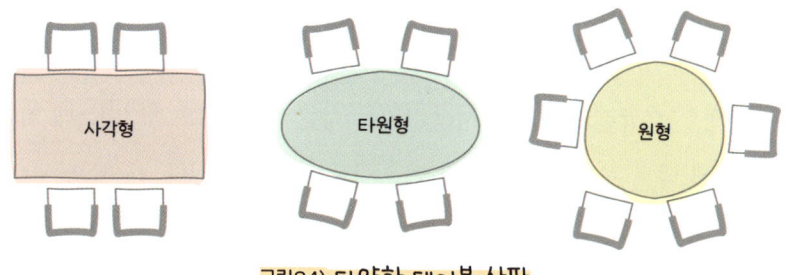

그림84) 다양한 테이블 상판

타원형은 사각과 원형의 중간 느낌으로 사용이 가능합니다. 같은 사이즈의 상판이라도 사각보다는 타원형이 다소 공간 활용이 아쉬울 수 있습니다. 타원형 특성상 테이블 다리가 상판 모서리 부분에 설치되기 어려워서 테이블 하단 공간이 좁아지기 때문입니다. 그래서 타원형 테이블은 비교적 큰 사이즈를 선택하게 되므로 배치하고자 하는 공간이 넉넉한 경우에 타원형 식탁을 추천합니다.

만약 타원형 테이블을 사용하고 싶지만 공간이 좁아서 어렵다면 반타원형 테이블을 이용하는 것이 좋은 대안일 수 있습니다. 한쪽은 직각이고 한쪽은 타원형이라 직각 부분은 벽에 붙여서 사용이 가능하기 때문에 크지 않은 공간에서도 타원형 테이블의 느낌을 줄 수 있습니다.

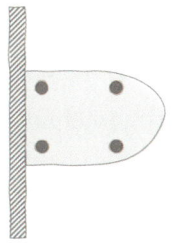

반타원형 테이블의 다리 위치

반타원형 테이블의 배치

그림85) 반타원형 테이블

① 반타원형 테이블 활용 예시
② 사각형 테이블 활용 예시
③ 원형 테이블 활용 예시

의자 선택의 기준이 되는 다리의 구조

테이블 상판 모서리 쪽으로 4개의 다리가 각각 위치한 형태는 테이블 아래의 공간이 넉넉해서 의자를 넣고 빼기에 수월하다는 장점이 있습니다. 대신 테이블의 전체적인 모양이 각이 두드러지는 형태로 완성되기 때문에 부드러운 공간 연출을 하고 싶다면 한 번쯤 생각해 볼 필요가 있습니다.

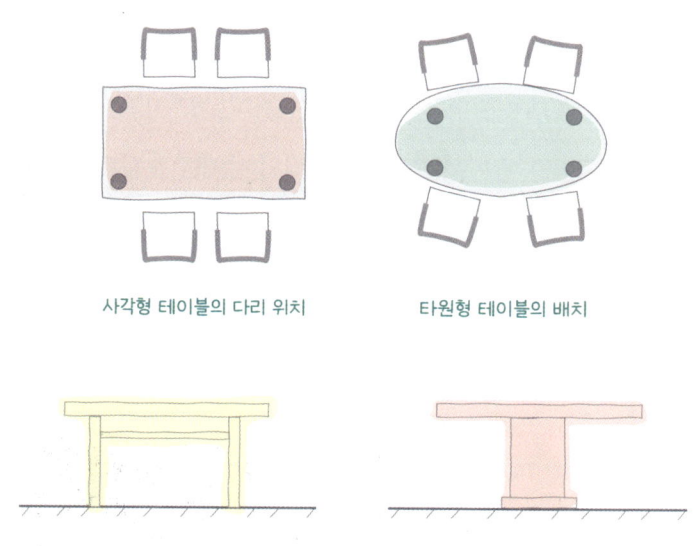

사각형 테이블의 다리 위치   타원형 테이블의 배치

"테이블 다리 모양에 따라서 의자 배치가 달라진다"

그림86) 테이블 다리의 구조

상판 가운데 다리가 있는 형태는 방향에 상관없이 의자를 배치할 수 있어서 자유로운 이용이 가능하지만 바닥에 기울기가 있는 곳에 배치하면 테이블에 흔들림이 생길 수 있습니다. 사선형태의 테이블 다리는 디자인에 생기를 넣어주면서도 안정적인 테이블 사용에 유리한 형태이지만 테이블 아래쪽 공간이 좁은 편이라 의자를 선택할 때 사이즈를 면밀하게 확인해야만 합니다.

배치하는 공간이 달라지는 테이블의 높이

일반적으로 식사를 위한 테이블의 높이는 73~74cm 정도입니다. 이는 의자 좌석과 테이블 사이의 간격과도 연관이 있는데 의자를 배치했을 때 의자 좌석과 테이블의 간격이 25~30cm가 되어야 사람이 앉았을 때 편리함을 느끼기 때문입니다.

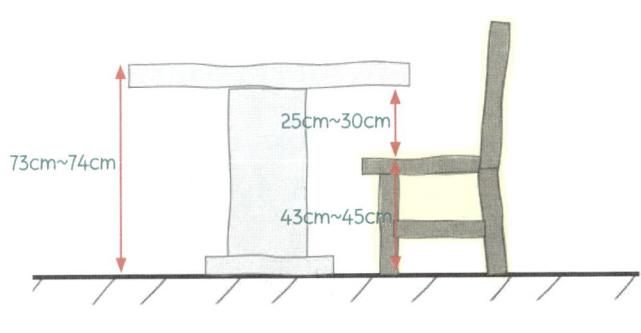

그림87) 일반 테이블과 의자의 높이

만약 이보다 간격이 너무 벌어지거나 지나치게 가깝다면 허리가 아프거나 식사나 다양한 작업을 할 때 테이블 사용에 문제가 생길 수 있습니다. 그런데 독특하게 높이가 65cm 정도의 낮은 테이블도 출시되고 있습니다.

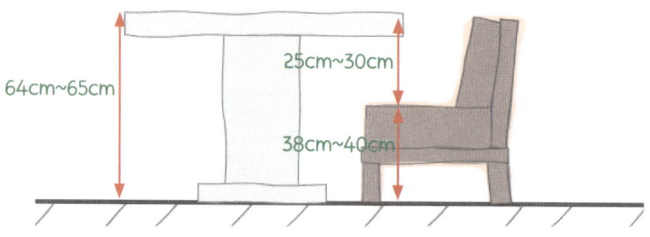

그림88) 리빙다이닝 테이블과 리빙다이닝 의자의 높이

　이 테이블은 보통 리빙다이닝 테이블이라고 불리는데 일반 의자와 매칭하
는 테이블이 아니고 소파나 리빙다이닝 소파에 맞춰서 높이가 제작된 테이
블입니다. 이런 테이블은 거실에 테이블을 배치해서 활용하려고 할 때 많이
선택하는 편이고 소파와 잘 어울리기 때문에 거실 공간에 적당합니다.

리빙다이닝 소파의 활용 예시

잘 고른 의자는
세련미를 더해줘요

사용하는 공간에 따라 달라지는 의자의 형태

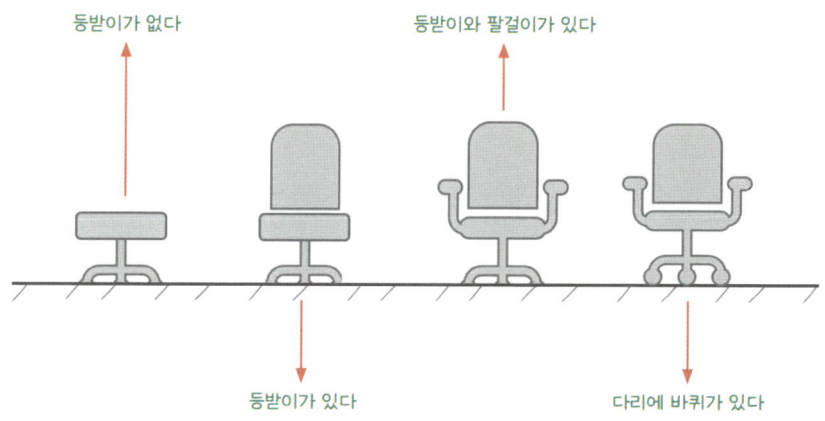

등받이가 없다

등받이와 팔걸이가 있다

등받이가 있다

다리에 바퀴가 있다

그림89) 일반 테이블과 의자의 높이

　의자는 크게 등받이가 있는 것과 없는 것으로 구분할 수 있습니다. 등받이가 없는 형태가 상대적으로 더 좁은 공간에서 활용하기 좋은 편이고 등받이가 있는 형태는 편안하게 몸을 받쳐주기 때문에 오래 앉아 있어도 좋다는 장점이 있습니다. 여기서 더 나아간다면 팔걸이가 있는지 없는지를 살펴볼 수 있습니다. 팔걸이 있는 의자는 등받이만 있는 의자에 비교한다면 더욱 편안함을 느낄 수 있겠지만 테이블과 함께 배치했을 때 잘못하면 의자가 테이블 안쪽으로 들어가지 않을 수 있어서 앉았을 때 불편함을 느낄 수도 있습니다. 따라서 팔걸이가 있는 의자를 사용한다면 반드시 바닥에서 팔걸이까지의 높이가 테이블 하단 높이보다 낮은지 확인해야 합니다.

역할에 따라 선택하는 의자의 높이

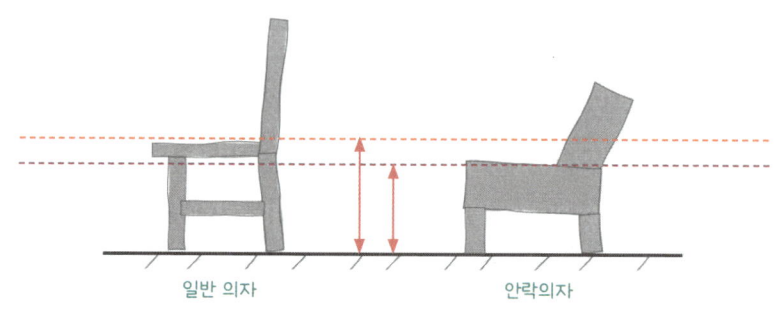

그림90) 일반 의자와 안락의자의 좌석은 높이 차이가 난다

보통 바닥에서 의자 좌석까지의 높이는 43~45cm지만 티테이블과 함께 배치해서 휴식을 위한 목적으로 제작된 의자의 높이는 38~40cm 정도 됩니다. 보통 이런 의자를 안락의자라고 하는데 높이 자체가 낮아서 편안하게 발을 바닥에 내려놓을 수도 있고 좌석의 가로 길이도 넓어서 여유로움을 느낄 수 있습니다. 의자의 앞부분보다 뒷부분이 조금 낮은 기울어진 형태로 제작된 의지라면 몸이 푹 들어가기 때문에 반쯤 누운 것 같은 느낌을 받을 수두 있습니다.

수납장 선택이
깔끔한 공간을 만들어요

수납하는 물건에 따라 달라지는 수납장의 깊이

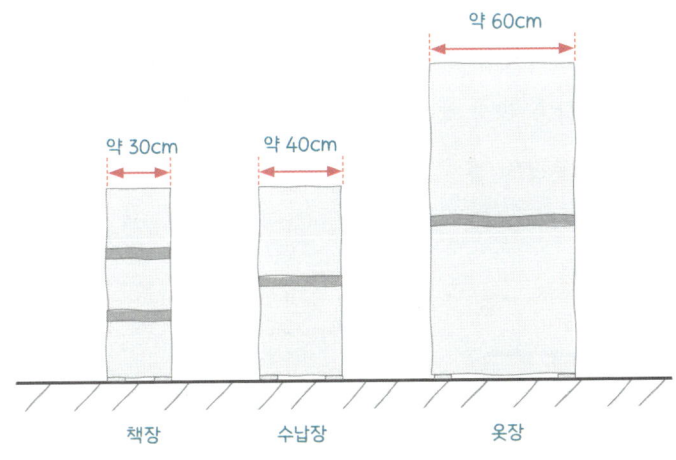

그림91) 수납해야 하는 물건에 따라 가구의 깊이가 달라진다

혹시 책장에 옷을 접어서 보관해 본 경험이 있으신가요? 책장에 보관한 옷을 꺼내려고 하면 후두둑 떨어지기 쉽고 접어서 넣을 때는 너무 많이 접어야 해서 번거롭습니다. 책장과 선반형 옷장은 형태가 비슷한 것 같은데 왜 책장에서는 이런 불편함이 느껴질까요? 이는 수납장의 깊이가 다르기

때문입니다. 책장은 깊이가 28~30cm 정도이고 그릇이나 각종 물품을 수납할 수 있는 수납장의 깊이는 40~50cm 정도, 그리고 의류를 옷걸이에 걸어서 보관하려면 60cm 이상의 깊이가 필요합니다. 이렇게 책장은 책의 크기에 맞게 제작되어 깊이가 깊지 않기 때문에 옷을 보관하기에는 적합하지 않은 것입니다.

공간의 개방감을 좌우하는 수납장의 높이

평면도를 보면서 가구 배치를 하다 흔히 하는 실수가 바닥의 면적만 고려하고 부피를 고려하지 않는 것입니다. 실제로 많은 가구가 방 안에 배치되어 있어도 답답하지 않은 공간은 가구의 높이가 대체로 낮습니다. 따라서 공간의 개방감을 쉽게 확보하려면 면적뿐 아니라 부피도 고려하는 것이 좋습니다. 특히 옷장의 경우 부피가 상당한 가구입니다.

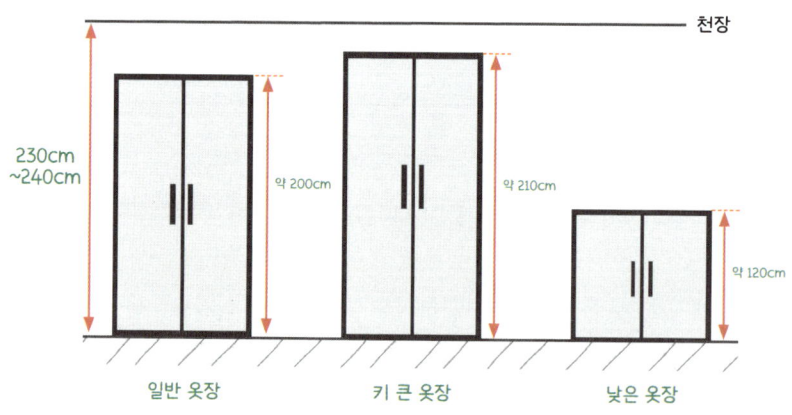

그림92) 가구의 높이가 낮을수록 공간이 넉넉하게 느껴진다

보통 일반 옷장의 경우 높이가 200cm 정도, 키 큰 장은 210cm 정도 되고, 흔하지는 않지만 낮은 형태의 옷장의 경우 120cm 정도로 성인의 상의를 걸었을 때 알맞게 들어가는 높이인 경우가 많습니다.

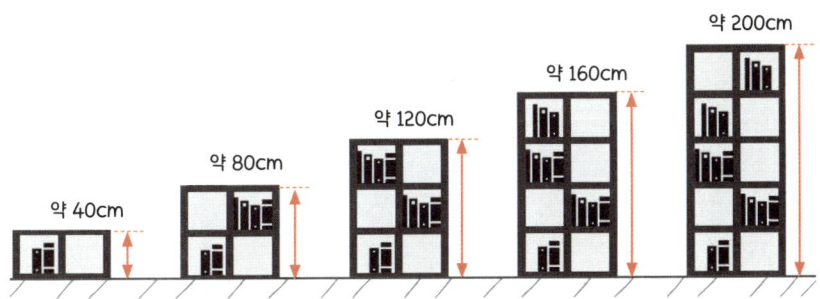

그림93) 책장은 단수에 따라서 높이가 달라진다

책장의 경우 1단부터 5단 이상까지 다양한 높이가 있는데 높이는 1단이 40cm 내외이고 한단 추가될 때마다 40cm 높이가 추가된다고 생각하면 책장의 크기를 어느 정도 가늠해 볼 수 있습니다. 원룸처럼 공간 분리 목적으로 책장을 이용하는 경우도 있는데 이때 답답함을 최소화하고 싶다면 3단이하, 높이 120cm 정도면서 뒤판이 없는 형태의 책장을 이용하는 것이 좋습니다.

배치하는 공간 특성을 반영하는 수납장의 문

문이 있는 가구는 내부에 수납된 물건이 보이지 않기 때문에 더 단정한 느낌으로 연출할 수 있습니다. 문의 형태는 앞으로 열고 닫는 여닫이와 옆으로 밀고 당기는 미닫이 형태가 가장 일반적인 형태이고 문을 접어서 한쪽으로 여는 접이식 방식도 있습니다.

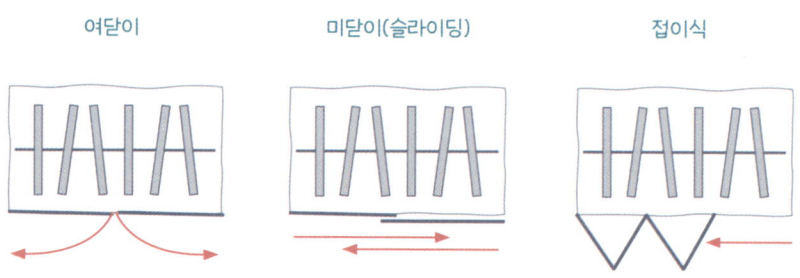

여닫이   미닫이(슬라이딩)   접이식

그림94) 문의 형태에 따라 그 앞에 필요한 공간이 달라진다

여닫이문을 사용할 때는 수납장의 너비에 따라 문의 크기가 달라지기 때문에 이 부분을 꼭 기억해야 합니다. 예를 들어 좁은 공간에 문이 있는 수납장을 배치한다면 너비가 100cm 수납장보다는 80cm 수납장을 선택해야 도어 하나의 크기가 50cm에서 40cm로 줄어들기 때문에 좁은 공간에 적합하다고 볼 수 있습니다.

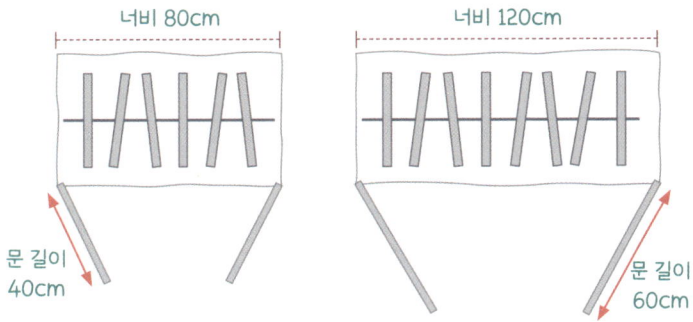

그림95) **옷장의 너비가 달라지면 문의 크기도 달라진다**

만약 미닫이, 즉 슬라이딩 형태로 문을 선택하면 조금 더 좁은 공간에도 배치할 수 있습니다. 문을 열었을 때와 닫았을 때 필요한 공간이 동일하기 때문입니다. 미닫이문 형태는 수납장 바디 안쪽에 삽입되어 설치되는 문이 있고 수납장 몸통 바깥쪽에 설치되는 문이 있습니다.

슬라이딩 옷장 활용 예시

특히 수납장 몸통 바깥에 미닫이문이 설치된 수납장의 경우 몸통 깊이에 15~18cm 정도를 더해야 하기 때문에 문을 닫은 상태를 여닫이와 비교했을 때는 오히려 더 부피가 크다고 할 수 있습니다. 도어가 안쪽으로 설치되는 경우는 안쪽 공간이 조금 줄어듭니다. 모두 장단점이 있으니 배치하고자 하는 공간의 특성에 따라 선택하면 됩니다.

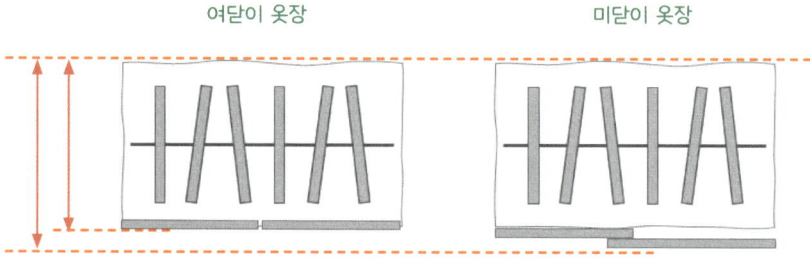

그림96) 문을 닫았을 때는 오히려 미닫이 옷장의 깊이가 더 깊다

침대는 특별한 느낌을
만들기 딱 좋아요

체형에 따라 달라지는 침대의 크기

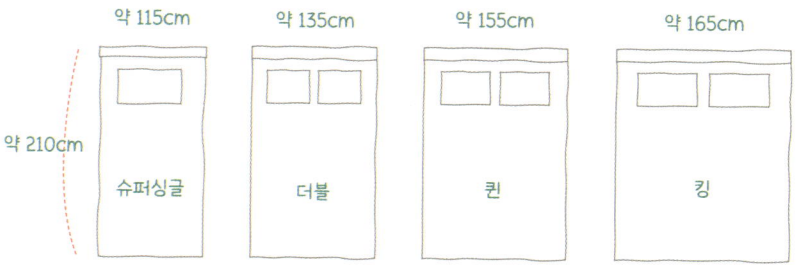

그림97) 보통 침대 사이즈는 세로 길이가 유사하고 가로 길이가 크게 변화한다

우리나라에서 판매하는 침대의 크기는 싱글, 슈퍼싱글, 퀸, 킹 이 일반적이며 더블사이즈나 라지킹 등도 종종 만날 수 있는 크기입니다. 보통 1명이 사용하는 침대는 싱글, 슈퍼싱글이라고 단정 짓기 쉽지만, 요즘은 1인 가구도 퀸 이상의 침대를 선택하는 경우가 많습니다. 침대는 휴식의 근원이 되는 곳이기 때문에 본인의 체형이나 수면습관을 생각해서 선택하는 것이 가

장 현명한 방법입니다. 최근에는 패밀리 침대도 출시되는데 보통 비교적 낮은 높이의 퀸 침대와 슈퍼싱글 사이즈 침대를 하나의 세트로 구성해서 넉넉한 면적 자랑합니다. 이런 장점 때문에 어린 자녀와 함께 자더라도 편안하게 잠을 잘 수 있습니다. 단순히 두 개의 침대를 붙여 놓는 것이 아니라 침대의 길이와 높이가 동일하고 연결 철물로 고정되며 추후에 분리하여 전혀 다른 공간에서 사용도 되게끔 되어 있어서 자녀 분리 수면 이후에도 알차게 이용할 수 있습니다.

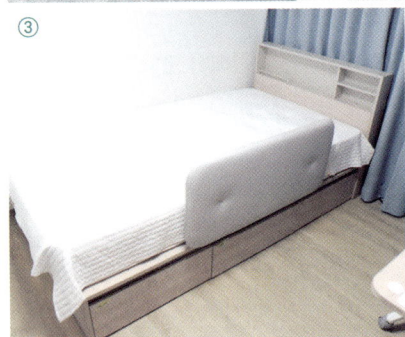

① 다리형 프레임의 퀸 사이즈 침대
② 평상형 프레임의 퀸 사이즈 침대
③ 수납형 프레임의 싱글 사이즈 침대

방 분위기를 좌우하는 침대의 높이

침대는 면적을 가장 많이 차지하는 가구이기 때문에 높이를 어떤 것으로 선택하는지에 따라 방 분위기가 완전히 달라진다고 해도 과언이 아닙니다. 매트리스 헤드와 프레임 없이 받침대 위에 매트리스를 올려서 사용하면 가장 낮은 형태로 침대를 구성할 수 있는데요, 높이가 낮아서 확실하게 차분한 공간 연출을 할 수 있습니다. 하지만 온전한 침대의 형태가 아니라 아쉬운 점이 있습니다. 이럴 때는 저상형 침대를 이용하면 좋습니다. 아주 낮은 프레임과 침대 헤드로 구성된 형태도 있고 틀 안에 매트리스가 들어가는 형태도 있습니다. 침대의 높이는 매트리스 높이에 따라 달라지지만 보통 저상형 침대의 높이는 20~30cm 정도, 일반적인 침대 높이는 50~60cm 정도이니 확실히 높이 차이가 납니다.

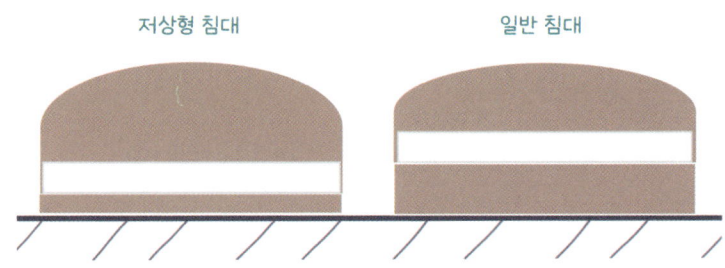

그림98) 보통 침대 사이즈는 세로 길이가 유사하고 가로 길이가 크게 변화한다

침대 프레임은 다리가 있는 형태가 있고 아랫부분이 막힌 평상형 스타일도 있는데 다리가 있는 침대 프레임은 아래 바닥이 보이기 때문에 같은 높이의 평상형 침대와 비교했을 때 더 시원한 느낌을 줄 수 있고 청소가 비교

적 수월하다는 장점이 있고요. 평상형 침대는 다리가 있는 침대 프레임에 비해 견고한 구조를 가지고 있어서 사람의 체중을 안정적으로 지지한다는 장점이 있습니다.

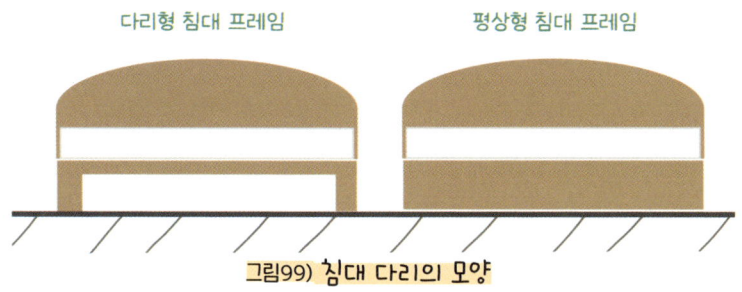

그림99) 침대 다리의 모양

물건의 양에 따라 선택하는 침대 프레임

수납할 물건이 많다면 침대 아래를 활용하면 좋습니다. 따로 수납공간이 없는 프레임에 다리가 있는 침대는 따로 수납 상자를 이용해서 수납할 수 있습니다.

수납 기능이 있는 수납 침대를 이용하면 더 단정하게 정리 가능합니다. 수납 침대는 대부분 서랍 부분과 뚜껑을 위로 올려서 사용하는 부분으로 구성되어 있고 서랍이 1단인지 2단인지에 따라 침대 높이가 결정됩니다.

요즘은 서랍 부분이 오픈 책장 형태로 나오고 있는 것들도 있으니 수납하려고 하는 물건에 따라 선택할 수 있습니다. 매트리스 부분을 통째로 올리면 침대 밑을 거대한 창고처럼 사용할 수 있는 리프트업 형태도 있습니다. 수납공간이 커서 큰 물건도 보관된다는 장점이 있지만 자주 열고 들기에는 어려움이 있으니 계절용품이나 여행 용품 등을 보관하면 좋습니다.

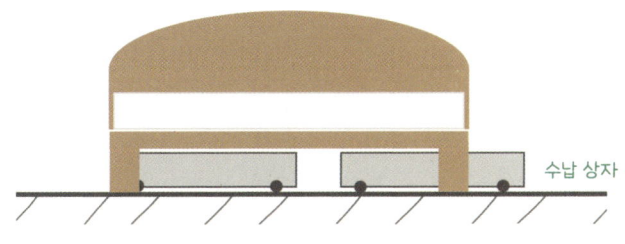

침대 하단에 수납 상자를 넣으면 수납공간이 생긴다

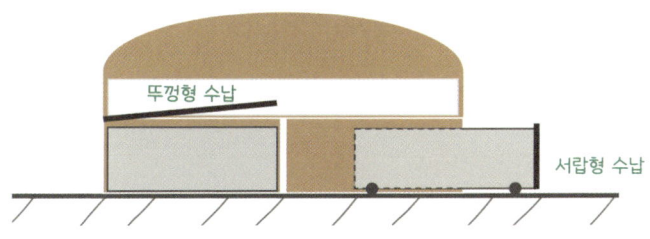

뚜껑형 수납

서랍형 수납

침대 하단에 수납공간이 마련되어 있는 침대도 있다

그림100) 수납형 침대 프레임

수납에 도움을 더 받고 싶으면 대형 수납 침대나 수납벙커 침대를 이용하면 됩니다.

수납형 침대

벙커 침대

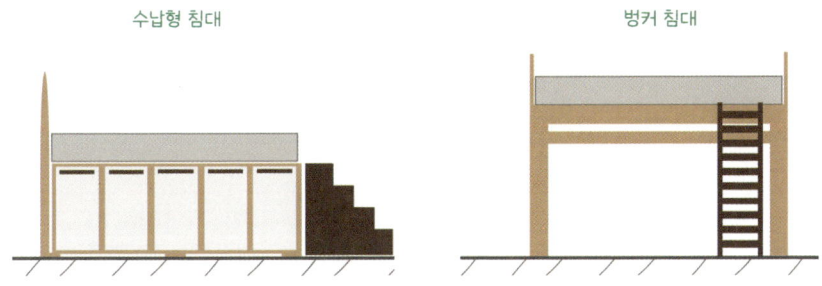

그림101) 더 많은 수납을 위해서는 수납형 침대나 벙커 침대를 이용한다

일반 수납 침대보다 대형 수납 침대는 높이가 60cm 정도로 높은 편이라 더 많은 물건 수납이 가능합니다. 계단이나 사다리가 필수로 있어야 위로 올라갈 수 있는 수납벙커 침대는 높이가 100cm 정도로 큰 가구까지 수납할 수 있습니다. 옷장, 책장, 책상까지 수납되기 때문에 또 다른 공간을 만들 수 있습니다.

대형 수납 침대와 수납벙커 침대는 높이가 높기 때문에 편안한 수면을 위해서는 침대 가드가 필수라는 점 꼭 기억하세요.

소파 선택으로
집의 중심을 잡을 수 있어요

공간의 크기로 결정되는 소파의 크기

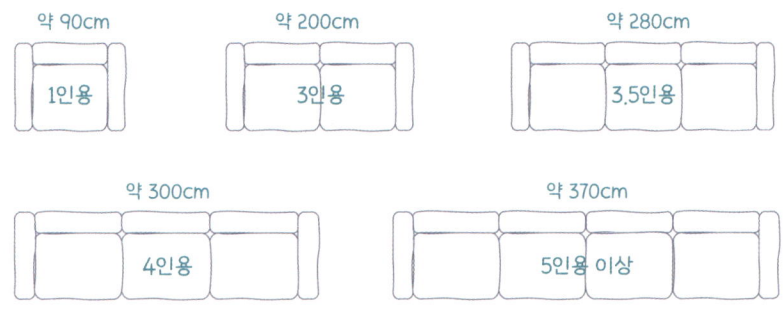

그림102) **소파 사이즈**

소파는 1인용에서 5인용 이상까지 최대 사용 가능한 사람의 수에 따라 사이즈를 표시하는데 보통 그림102와 같은 사이즈가 일반적이나 브랜드에 따라 다를 수 있으니 확인이 필요합니다. 생각해보면 꼭 3인 가족이라고 하여 3인용 소파를 선택하지는 않습니다. 아마도 소파라는 가구의 성격은 휴식에 가까우므로 공간이 허락된다면 넉넉하게 사용할 수 있는 크기를 선택하게 되는 것입니다.

소파는 같은 크기라고 해도 좌석 분할에 따라 착석감이 달라집니다. 하나의 좌석 사이즈가 큰 소파는 자유로운 자세를 편하게 사용할 수 있어서 사용하는 인원수보다 큰 소파를 선택했을 때 적합하고, 인원수에 맞게 사이즈를 선택하여 구입한 소파의 경우 좌석이 나뉘어 있는 소파를 이용하면 모든 구성원이 함께 소파를 사용할 때 더 안락하게 사용할 수 있습니다.

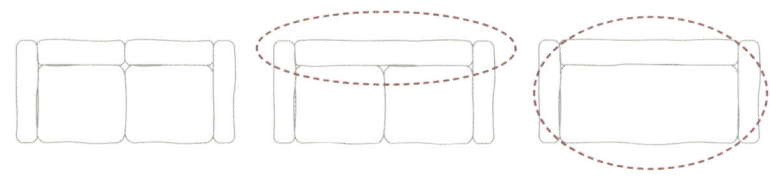

그림103) 같은 사이즈의 소파라도 등받이나 좌석의 모양에 따라 착석감이 다르다

사용 목적에 따라 결정하는 소파의 형태

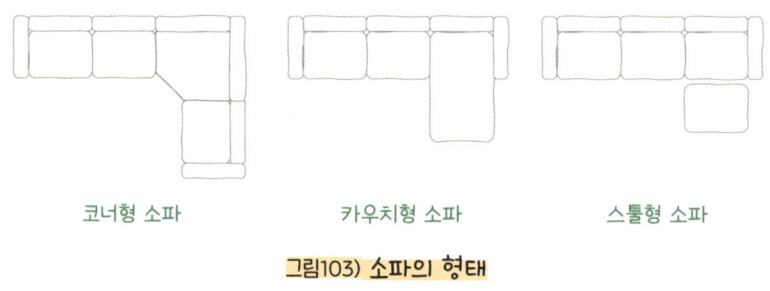

코너형 소파   카우치형 소파   스툴형 소파

그림103) 소파의 형태

카우치형 소파는 소파의 한쪽이 긴 형태로 되어 있어서 정면을 보고 누

울 수 있는 형태입니다. 팔걸이가 카우치 아래쪽에는 없어서 ㄱ자로 꺾인 형태지만 답답한 느낌을 주지 않는 것이 장점입니다. 코너형 소파는 카우치 소파와 유사하게 보이지만 등받이가 전체적으로 모두 있다는 점이 다르고 여러 명이 함께 소파를 사용할 때 모두 충분히 소파를 즐길 수 있다는 점이 특성입니다.

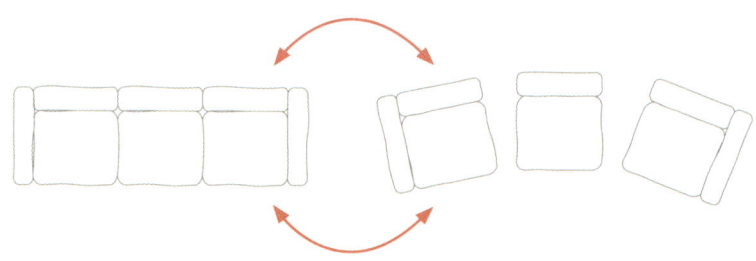

그림104) 모듈 소파는 따로 또 같이 자유롭게 사용할 수 있다는 장점이 있다

　모듈형 소파는 일반 소파와 겉으로는 유사해 보이지만 조합할 수 있는 다양한 모듈이 있고 이 조합에 따라 _자형, ㄱ자형, ㄷ자형 등 우리가 원하는 모양으로 소파를 구성할 수 있다는 점이 특별합니다. 가족 구성원이 늘거나 이사를 해서 집 구조가 달라져도 유연하게 적용할 수 있습니다.

　테이블과 조화를 이룰 수 있도록 나온 소파도 있는데 보통 리빙다이닝 소파라고 이야기합니다. 높이는 일반 소파보다 조금 높고 착석감이 너무 푹신하지 않은 형태입니다. 의자와 소파의 중간 형태로 식사해도 좋고 공부할 때도 활용이 가능하면서 일반 의자보다는 조금 더 편하다는 장점이 있습니다.

가구 배치의 마무리는
조명으로 하세요

시공 없이 사용할 수 있는 조명

가구에 대한 이해를 이야기하면서 조명이 나오니 의아하실 수도 있을 것 같습니다. 가구를 배치하면 그 공간에 새로운 역할이 부여됩니다. 하지만 만약 조명이 없는 곳이라면 어떨까요? 예를 들어 발코니 확장 부분에 테이블을 배치했지만, 그 주변에 조명이 없다면 밤에는 사용할 수 없으니 가구 배치를 진행한 의미가 사라집니다. 이처럼 배치한 가구가 의미가 있으려면 조명이 반드시 필요하고 이런 맥락에서 가구 배치의 마무리는 조명이 되어야 합니다.

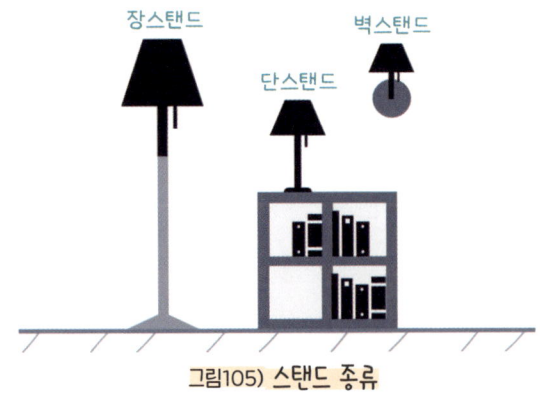

그림105) 스탠드 종류

① 단스탠드
② 벽스탠드
③ 장스탠드

　조명을 추가하는 가장 쉬운 방법은 스탠드를 이용하는 방법입니다. 바닥에 배치하고 키가 큰 스탠드는 장스탠드라고 하고 어떤 곳 위에 올려놓고 사용하는 스탠드를 단스탠드, 벽에 설치하는 스탠드를 벽스탠드라고 합니다. 공간 전체를 비추려면 키가 큰 장스탠드를 이용하고 어느 한 곳을 비추고 싶을 때 주로 단스탠드를 사용합니다. 벽스탠드는 설치 높이나 형태에 따라 활용이 달라지는데 보통 액자 위처럼 어떤 한 부분을 집중적으로 비추고 싶을 때 종종 사용됩니다.

일자형　　　　활형　　　　관절형

그림105) 장스탠드 종류

　　장스탠드의 경우 일자형이 아닌 휘어진 활 형태나 관절 형태를 선택하면 좀 더 높은 곳에서 빛을 비출 수 있기 때문에 천장에 설치하는 조명 역할을 어느 정도 대신할 수 있습니다.

　　그 외에 LED 줄조명과 코드 줄조명도 시공 없이 설치할 수 있어 기본 천장 조명의 역할을 대신할 수 있으니 참고해볼 만합니다.

LED 줄조명　　　　　　　　　코드 줄조명

그림106) 줄조명 종류

커튼박스에 줄조명을 설치한 예시

LED 줄조명은 길게
도 사용할 수 있고 길
이 조절이 수월해서 커
튼박스나 벽의 끝에 길
게 설치하면 좋고, 코
드 줄조명은 천장에 고
리를 설치한 후 걸어서
펜던트 조명이 필요한
곳에 이를 대신하여 사
용할 수 있습니다.

코드 줄조명 설치 예시

가구의 활용 목적에 맞는 전구의 종류

스탠드나 코드 줄조명을 이용한다면 전구를 반드시 사용해야 합니다. 어떤 전구를 사용할지 결정하려면 밝기와 색상을 고려해야 합니다.

루멘(lm)	와트(w)	켈빈(k)
밝기	열효율	온도
높을수록 밝고 낮을수록 어둡다.	높을수록 전력을 많이 사용한다	높을수록 파랗고 낮을수록 노랗다

전구 선택에 참고해야 할 표기

밝기를 나타내는 것은 루멘(lm)입니다. 흔히 와트(w)를 보고 구입하지만 같은 와트(w)라고 해도 루멘(lm)이 다를 수 있기 때문에 이 부분을 꼼꼼하게 살펴봐야 합니다. 루멘(lm)의 숫자가 높을수록 밝은 전구입니다. 조명의 색상을 결정하는 것은 조명 온도입니다. 조명 온도는 켈빈(k)으로 결정되고 숫자가 낮을수록 노랗고 높을수록 더 푸른 빛을 띠게 됩니다. 하지만 보통은 전구색, 주백색, 주광색으로 표시가 되어 있어서 이를 보고 선택을 하면 됩니다. 전구색은 노란빛, 주광색은 하얀빛, 주백색은 그 중간의 빛 색상을 띕니다. 켈빈(k)도 루멘(lm)과 마찬가지로 같은 전구색이어도 켈빈(k)이 2700k, 2800k로 차이가 날 수 있다는 점을 기억해서 현명하게 전구를 선택해야 공간과 가구 역할에 맞는 전구를 선택할 수 있습니다.

밝기 조절이 가능

색 조절이 가능

스마트
전구

은은하게

보통으로

밝게

전구색

주백색

주광색

그림107) 스마트 전구의 기능

한 공간에 여러 역할을 주고 싶다면 스마트 전구를 이용할 수 있습니다. 스마트 전구는 빛의 온도와 밝기를 자유자재로 선택할 수 있는 전구로 스마트폰과 연동하여 편리하게 이용할 수 있습니다. 조금 더 간단한 방식으로 밝기 변환 전구도 있습니다. 밝기 전환 전구는 전원을 2초 이내 on/off 하면 전구의 밝기가 몇 가지로 조절됩니다. 평범할 것 같은 전구도 이렇게 다양한 종류가 있으니 각자의 생활방식이 따라 선택한다면 일상에 큰 보탬이 될 것입니다.

맞춤 가구로 집 구조의 한계를 해결한 42평 아파트

POINT. 오래된 아파트의 구조적으로 아쉬운 부분을 맞춤 가구 설계를 통해 낭비되는 공간 없이 활용되도록
디자인한 집

현관은 답답해 보이지 않도록 투명한 유리로 된 중문을 적용했다. 전실이 없는 현관이기 때문에 공간감을 위해 거울을 설치했다.

아름다운 그림을 중심으로 스타일링 된 거실. 그림이 포인트가 되도록 조명과 패브릭은 심플한 느낌으로 연출했다.

문과 문 사이의 공간도 놓치지 않고 템바보드로 디자인을 추가했다.

골드와 베이지를 포인트로 구성한 다이닝 공간.
화이트 컬러의 싱크대도 골드의 느낌이 나도록 전구색 조명을 적용했다.

거실에서 주방이 보이는 구조이기 때문에 최대한 깔끔한 라인을 유지했다.

가족의 라이프스타일을 반영하여 방 하나를 서재로 구성했다. 큰 테이블에서 더 집중도 높게
업무를 할 수 있도록 팬던트 조명을 추가로 설치했다.

호텔식 침실 느낌을 내기 위해 침대를 중심으로 양쪽에 옷장을 설치했다.
답답한 느낌이 들지 않도록 옷장 손잡이가 없는 형태로 연출하고 화장대를 매입하여 눈에 잘 띄지 않도록 했다.

침대헤드에 벽조명을 설치하여 밤에도 무드 있게 공간을 채울 수 있다.
골드 벽조명과 골드 암막 커튼의 조화로 아름다운 공간을 연출할 수 있다.

아이방은 붙박이 가구를 적극 설계하여 깔끔하게 방을 유지하기 쉽도록 했다.
벽면의 없앨 수 없는 기둥을 활용해 선반과 벽조명을 설치하고 방의 움푹 들어간 곳에는 붙박이 책장을 넣어서 공간활용도를 높였다.